U0618105

基于 **M-ACK** 模型的
初中地理意义教学模式及其
工具箱的开发与应用

戴偲聪　著

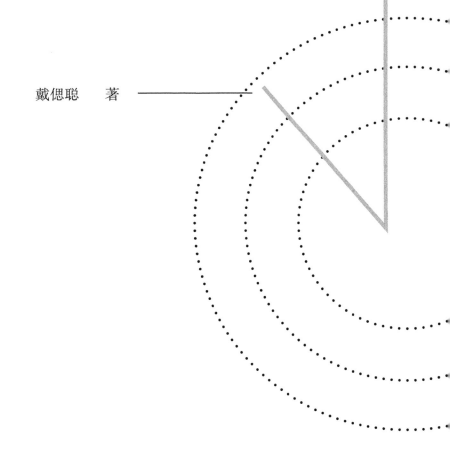

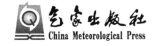

气象出版社
China Meteorological Press

内容简介

M-ACK 意义教学模式是基于学科核心素养探索课程综合化的有意义接受教学模式。M-ACK 即 Meaning-ACK 的缩写,其中 M 有两层意思,首先代表 Meaning,即有意义的意思,表示本教学是围绕有意义这一核心主题而进行的。其次代表 Map,即地图的意思,强调在地理学科教学中地图的运用。该模式通过设定目标、辨识学情、编码材料、匹配策略、情境构建和整合评价六个教学结构来达成学生地理学科素养的培养。M-ACK 意义教学有配套的地理课程和若干工具化的课堂教学资源工具箱。工具箱中包含每节课的教学设计、学生先行组织者图册、学生自评表及与教案同步的教学材料和工具。本书详细介绍了该模式的使用方法和工具箱中的部分内容,并用四个案例具体阐述该模式在实际地理教学中是如何实施的。

图书在版编目（ＣＩＰ）数据

基于M-ACK模型的初中地理意义教学模式及其工具箱的开发与应用 / 戴偲聪著. -- 北京 : 气象出版社, 2022.12

ISBN 978-7-5029-7887-7

Ⅰ. ①基… Ⅱ. ①戴… Ⅲ. ①中学地理课－教学模式－研究－初中 Ⅳ. ①G633.552

中国版本图书馆CIP数据核字(2022)第239659号

基于 M-ACK 模型的初中地理意义教学模式及其工具箱的开发与应用
JIYU M-ACK MOXING DE CHUZHONG DILI YIYI JIAOXUE MOSHI JIQI
GONGJUXIANG DE KAIFA YU YINGYONG

出版发行:气象出版社

地　　址:北京市海淀区中关村南大街 46 号　　　　　　　　**邮政编码**:100081

电　　话:010-68407112(总编室)　010-68408042(发行部)

网　　址:http://www.qxcbs.com　　　　　　　　　　　　**E-mail**： qxcbs@cma.gov.cn

责任编辑:蔺学东　王 聪　　　　　　　　　　　　　　　**终　　审**:吴晓鹏

责任校对:张硕杰　　　　　　　　　　　　　　　　　　　**责任技编**:赵相宁

封面设计:博雅锦

印　　刷:北京中石油彩色印刷有限责任公司

开　　本:787 mm×1092 mm　1/16　　　　　　　　　　　**印　　张**:8.75

字　　数:266 千字

版　　次:2022 年 12 月第 1 版　　　　　　　　　　　　　**印　　次**:2022 年 12 月第 1 次印刷

定　　价:68.00 元

前　　言

　　2019 年国务院发布《关于深化教育教学改革全面提高义务教育质量的意见》,意见中提到要强化课堂主阵地作用,优化教学方式,创新教学模式,切实提高课堂教学质量。我们在实际的课堂教学中常常会遇到几类问题:学生的学习水平和设定的学习目标不相匹配;学习的内容与教师所展示的材料不相匹配,有时甚至起阻碍作用;学生学习缺乏主观能动性或主动性不强;教师设计活动过于零碎,不利于学生知识体系的构建;在教学过程中,学生应获得的学科核心素养无法落实等。利用 M-ACK 意义教学就能有效解决上述问题。M-ACK 意义教学模式是基于学科核心素养探索课程综合化的有意义接受教学模式。M-ACK 即 Meaning-ACK 的缩写,其中 M 有两层意思,首先代表 Meaning,即有意义的意思,表示本教学是围绕有意义这一核心主题而进行的。其次代表 Map,即地图的意思,强调在地理学科教学中地图的运用。ACK 即英文单词 acknowledge 的前缀,代表接受的意思,表明本教学模式将根据有意义、可接受、开放性的原则实施,充分调动学生开展学科探索和实践行动的主动性。同时,ACK 又分别代表教学过程中所需要使用到的三个教学策略。从 A 到 K,是一个层层递进、由浅至深、思维构建的过程。该模式通过设定目标、辨识学情、编码材料、匹配策略、情境构建和整合评价六个教学结构来达成学生地理学科素养的培养。M-ACK 意义教学有配套的地理课程和若干工具化的课堂教学资源工具箱。工具箱中包含每节课的教学设计、学生先行组织者图册、学生自评表及与教案同步的教学材料和工具。M-ACK 意义教学工具箱有别于其他地理资源包的地方在于除了包含每节课所需各种图册之外,还包含了课程所需的、用于培养地理实践力的实验器材。

　　本书以 2021 年贵州省重点课题"基于 M-ACK 模型的初中地理意义教学模式及其工具箱的开发与应用研究"(课题编号:2021A004)研究成果为依托,在撰写过程中得到了各部门和单位的大力支持及悉心指导,第二章内容由课题组成员王榕蓉老师完成,第七章案例分析中的四个教学案例由课题组成员丁雯靖老师、陈奕彤老师、王榕蓉老师提供。借此机会,谨向曾经帮助过我们的各界人士表示衷心的感谢。与此同时,也期望各位同仁能从中获取有用的信息。

著　者
2022 年 8 月

目　　录

第一章

基于 M-ACK 模型的意义教学模式概述

M-ACK 意义教学模式是基于学科核心素养探索课程综合化的有意义接受教学模式。M-ACK 即 Meaning-ACK 的缩写,其中 M 有两层意思,首先代表 Meaning,即有意义的意思,表示本教学是围绕有意义这一核心主题而进行的。其次代表 Map,即地图的意思,强调在地理学科教学中地图的运用。M 分为两个层面和四个维度,两个层面包含学生和教师层面;四个维度包含情感、价值、基础和认知,详见表 1.1。

表 1.1　M-ACK 意义教学模式中"M"内涵分解表

维度	层面	
	教师层面	学生层面
情感	理解—认同	课堂是否有趣
	具体内容:理解和认同的主体包括学生和教师自己。教师通过教学过程使得学生和其他听课者理解自己的教学。通过理解达到他人对自己的认同和自我认同	具体内容:学习者年龄越小,课堂是否有趣对其学习的影响就越大。课堂是否有趣取决于教师是否关注学生,是否将活动建在学生的好奇点上。课堂活跃不等于课堂有趣,有趣的活动一定是能够促进学生进行积极、深度思考的
价值	责任使命感	知识有用
	具体内容:教师必须要明确了解到自己的使命,清楚知道自己身上肩负着培养祖国未来建设者的重任。因此,教师要思考如何有效教学才能促进学生全面发展	具体内容:学习者年龄越大,所学知识是否有用对其学习的影响就越大。这是因为学习者年龄越大,他的学习动力已经从外在驱动力转化为了内在驱动力
基础	需要具有与新课相关的知识	需要与新知识相关的经验
	具体内容:这里强调的是教师知识的储备。教师知识储备应该不仅仅限制于本节课的课本知识,还应该广泛地涉及与此相关的内容、学科等。教师要关注时事新闻,将与所学知识相关的新闻及时传递给学生,让其感受到生活中的地理的同时,培养他们关心国家、做社会主义接班人的责任感和使命感	具体内容:学习的先决条件是学习者必须要有与所学新知识相关的经验,这样学习者才有可能将所学知识纳入自己的知识结构当中

续表

维度	层面	
	教师层面	学生层面
	自我认知结构重构	新旧知识能够建立非人为实质性联系
认知	具体内容:真正好的教学不是单方面的,教学不仅使学生得到发展,也能使教师在教学、与学生相处中得到成长。因此,教学相长也是教师学习和成长的方式	具体内容:这一点是从认知的角度来定义的。从学生认知方面来说,有意义学习是指新知识所用的语言、文字或符号能够与学习者认知结构中已有的有关知识建立一种实质和非人为的联系。实质性是指虽然表述某种事物的方式不同,但其所表达的本质是相同的。非人为性是特指学习者自身的内在认知联系,强调学习者自身知识结构的建构过程

ACK 即英文单词 acknowledge 的前缀,代表接受的意思,表明本教学模式将根据有意义、可接受、开放性的原则实施,充分调动学生开展学科探索和实践行动的主动性。同时,ACK又分别代表教学过程中所需要使用到的三个教学策略。

A 代表 advance organizer strategy,即先行组织者策略,学习是否有意义首先得看学习者是否有相关的学习经验。先行组织者的作用就是给学生提供相应的学习经验,为后面的学习搭建台阶,实现相应的教学目标。在 M-ACK 意义教学中先行组织者策略分为学生部分和教师部分,两者相辅相成。

C 代表 cognitive construction strategy,即认知构建策略。M-ACK 意义教学强调学习者自身的认知构建,接受知识的过程等同于新旧经验之间的构建过程。学习者应先在自身知识结构中找到与新知识相关联的有关知识,再找到新旧知识的异同点,通过比较使得其对新旧概念之间的区别有清晰的认识,并在积极的思维活动中使知识不断系统化。新旧知识在构建过程中会形成下位、上位和并列结合关系,据此提出三种认知构建策略:下位构建、上位构建和并列结合构建。

K 代表 knowledge integration strategy,即知识整合策略。真正掌握知识是发生在学生将所学知识纳入自己整体的知识结构之时。因此,教师需要对学习者进行知识整合的培训,教会学习者知识整合的方法,帮助他们构建自我的知识体系,培养他们的思维能力和创造力。整合的过程中,如果学生发现问题,我们就会要求学生自己主动想办法解决问题(查书或问教师),由此也培养了学生良好的学习品格。从 A 到 K,是一个层层递进、由浅至深、思维构建的过程。

一、基于 M-ACK 模型的意义教学模式的理论基础

基于 M-ACK 模型的意义教学模式有两个理论基础:系统论和建构主义学习理论。

(一)系统论

系统一词,来源于古希腊语,是由部分构成整体的意思。对于教学系统来说,我们通常定义它为:由若干教学要素以一定的方式构成具有某种功能的有机整体。教育系统论的核心思想是其整体观念。在这个定义中表明了教学要素与教学要素、教学要素和其他要素、要素与系

统、系统与环境四方面的关系。任何教学系统都是各要素相互作用的有机整体,而非机械组合或简单相加各个要素。M-ACK 意义教学模式基于系统论,将教学作为一个系统,研究教师、学生、环境三者的相互关系和变动的规律性;又将每个教学内容作为子系统,研究其要素的相互关系和变动的规律性。通过 M-ACK 意义教学模式帮助学生认识"系统"的特点和规律,同时教会学生要学会利用这些特点和规律去认识新的"系统"并逐步学会协调各要素关系达到优化该"系统"的目的。

(二)建构主义学习理论

建构主义最早提出者可追溯至瑞士儿童心理学家皮亚杰,他坚持从内因和外因相互作用的观点来研究儿童的认知发展。由此可以看出,建构主义本来是源自关于儿童认知发展的理论。M-ACK 意义教学模式主要是以建构主义中的奥苏泊尔有意义接受学习理论作为基础的。20 世纪 60 年代,美国著名的教育心理学家奥苏泊尔在传统接受教学方式遭到世人强烈批评的情况下提出了有意义的接受学习。在学生认知方面,他按照学习的效果和方式将学习分为了四类——有意义接受学习、有意义发现学习、机械接受学习和机械发现学习,并主张使用有意义接受学习的方式进行教学。M-ACK 意义教学模式继承了奥苏泊尔学习理论的同时扩展了有意义的内涵,强调教师通过意义教学培养学生的核心素养,完成意义学习。

二、基于 M-ACK 模型的意义教学模式的功能

(一)学科要素传授功能

学科要素传授功能是形成思维、培养价值观和发展个性的基础,因而是 M-ACK 意义教学模式最基本的功能,而思维、价值观的形成和个性的发展又能够反过来促进其核心素养的形成。在 M-ACK 意义教学中,教师主要通过编码材料向学生传授学科知识和间接经验。学生对材料的掌握,是一个感性认识和理性认识相结合的过程。通过先行组织者为学生提供丰富、清晰、形象生动的材料来帮助学生完成感性认识向理性认知转化这一过程。

(二)思维形成功能

形成思维的过程和传授学科要素的过程是统一的,在 M-ACK 意义教学中,教师通过匹配策略帮助学生构建自身知识结构。学生通过一段时间的学习体会构建过程中所体现的逻辑性,形成综合思维。

(三)价值观培养功能

价值观培养是在传授学科知识和形成思维的统一过程中进行的,三者之间有极为密切的关系,是互为依存的统一体。要培养学生的价值观不仅要强调传授知识和形成思维,更要考虑怎样传授知识和形成思维,学生才能接受。对于学生来说,尤其是中小学生而言,形成正确的价值观尤为重要。因此,M-ACK 意义教学关注学生原有经验,以学生原有经验作为教学起点,有效培养学生正确的价值观。

（四）个性发展功能

传授知识、形成思维和培养价值观是发展个性的重要方面。每个学生都是在其原有经验背景的基础上，通过与外界的交流形成自身知识、思维和价值观，这些都是其个性发展的基础。M-ACK 意义教学重视学生原有经验，根据学生原有经验选择材料进行编码，通过构建策略帮助学生运用多种方式认识世界，培养他们的人地协调观，多维度、多层次促进其全面发展。

三、基于 M-ACK 模型的意义教学模式的知识观

M-ACK 意义教学通过分析不同流派知识观，发现其大致可以分为两类：第一类是"编导"式知识观；第二类是"观众"式或"演员"式知识观。"编导"式知识观重在"编导"二字，强调知识并不是既定的，而是学生创造出来的。而"观众"式或"演员"式知识观则截然相反，它认为知识是既定的，是客观存在的事物，学生不需要参与构建，不需要对其进行再次加工，见表1.2。

表 1.2　知识观分类表

知识观	学术流派	详细内容
"编导"式知识观	实用主义	知识传授的本质是改造知识，知识的价值在于其实用性，要在实践中不断地发展和完善知识
	建构主义	知识是由主体和外部世界相互作用构建而成的
	后现代主义	知识具有相对的不确定性、开放性，与主、客体相关
"观众"式或"演员"式知识观	经验主义	一切知识源于感觉，知识就是存在的反映
	科学主义	知识都是静态的、绝对的、可见的和可测的。教育的目的就是要传递"客观""普遍"的知识，这些知识与人类的需要、情感、意志无关
	实证主义	

"编导"式知识观将学生作为主体，强调学生所学知识必须是自己参与构建的知识，而不单单是教师或权威给出的既定知识。这种知识观认为每个人所学知识被内化之后肯定是不一样的，因此，强调学生每次学习都要在自己原有知识的基础上进行再次建构。"观众"式或"演员"式知识观则认为经过学生理解之后所呈现出的知识并不重要，因为既定知识是不可改变的，如果学生学习后呈现出的知识不是既定知识，那这个知识就是错误的。

由此可以看出，秉承不同的知识观会直接导致教师教学产生巨大的差异。如果秉承"编导"式知识观，教师在日常教学中就会更加关注学生，有意识地帮助学生构建自己的知识体系。而秉承"观众"式或"演员"式知识观的教学则会容易忽视学生的发展，教师对待学生就会像对待木偶或机器一样，这会导致师生关系紧张的情况时有发生。M-ACK 意义教学模式秉承"编导"式知识观，注重学生核心素养的培养，关注不同个体的全面发展。

四、基于 M-ACK 模型的意义教学模式解决的问题和方法

我们在实际的课堂教学中常常会遇到几类问题：学生的学习水平和设定的学习目标不相匹配；学习的内容与教师所展示的材料不相匹配，有时甚至起阻碍作用；学生学习缺乏主观能

动性或主动性不强;教师设计活动过于零碎,不利于学生知识体系的构建;在教学过程中,学生所应获得的学科核心素养无法落实等。利用 M-ACK 意义教学就能有效解决上述问题。首先,M-ACK 意义教学要求在课堂教学之前要探明学生原有知识,教师需根据学生原有知识和课程标准匹配相应的学习目标,确实解决学生学习水平与学习目标不匹配的问题。其次,M-ACK 意义教学强调教学要帮助学生进行知识构建,要求利用情境化的先行组织者激起学生的主观能动性,激发其向学之心。这有效解决了学习内容与教师所展示材料不相匹配、学习缺乏主观能动性、设计活动过于零碎等问题。再次,M-ACK 意义教学模式是基于学科核心素养的有意义可接受的教学,无论是教学设计还是教学实施都依据学生核心素养的培养来展开,因此,M-ACK 意义教学将有利于落实其核心素养的形成。除此之外,M-ACK 意义教学还为教师提供教学模型助力其专业成长,期望教师通过 M-ACK 意义教学提供的支架发展自身成为研究型教师,见图 1.1。

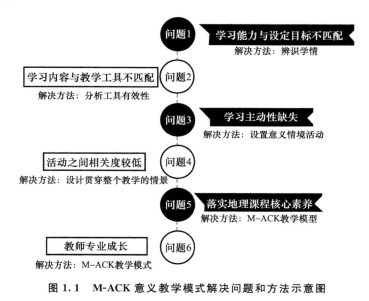

图 1.1　M-ACK 意义教学模式解决问题和方法示意图

五、M-ACK 意义教学模式的实施条件

M-ACK 意义教学只有在一定条件得到满足的情况下才能实施。M-ACK 意义教学包含两个方面的教学条件——客观和主观条件。首先是客观条件。客观条件要求教师选取帮助学生学习和构建的材料要有科学性和逻辑性,这样才能帮助学生产生意义学习。其次是主观条件,主观条件主要强调学习者自身方面的因素。学习者在学习时须有稳定的情绪,只有拥有稳定情绪的学习者才能真正投入学习,达到良好的学习效果。学习者年龄越小,情绪对学习的影响就越大。学习必须是在学习者有心并主动向学的基础上才会有意义。这两个主观条件非常重要,如果学习者没有稳定情绪或没有人的主动参与,任何的教学模式、学习方法都无法产生良好的效果。学习者需要有参与学习的知识基础——与学习内容相关的经验。这一点在"有意义"的定义中已经详细叙述过了,这里就不再复述。

六、M-ACK 意义教学模型

M-ACK 意义教学模型是以有意义教学为核心,共分为三层,见图 1.2。第一层中的 ACK 表示意义教学中所需使用的三个策略——先行组织者策略、认知构建策略和整合策略。第二层表明通过意义教学所要达到的具体素养目标,分别是发现、理解、表达、创造、实践和理念。六种素养是互相关联并层层递进的。第三层表明落实这些素养的具体做法——意义教学模式。

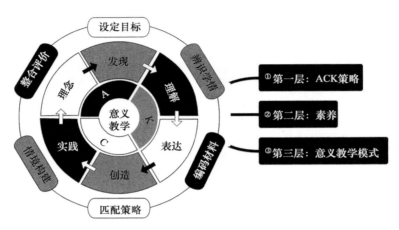

图 1.2 M-ACK 意义教学模型示意图

M-ACK 意义教学模型中的六个素养目标是环环相扣、层层递进的。首先学生需要具备"发现"素养,这个"发现"不是单纯指看到,这里的"发现"素养要求学生主动发现问题、发现事物之间的关联,更重要的是能发现美——自然人文之美。"理解"素养是基于发现基础之上,能够主动探寻事物背后的逻辑关系,理解不仅仅存在于认知方面,还存在于个人的体验方面。理解之后就需要学生能够将所学知识进行"表达","表达"素养不是简单地指展示或表现,除了要求学生能够主动构建自身的知识体系之外,更强调的是参与——对不同国内外事件表达自己的看法。"创造"和"实践"素养是强调教学中要注重对学生发散性思维和创造性思维的培养,可以从生活中和学习中的实际问题入手进行小发明、小创造。所学知识、技能或者小发明、小创造必须进行实践,让学生明白"实践出真知"的道理,由此培养他们的实践素养,也为以后终身学习打下基础。通过上述一系列素养的培养,学生最后终将形成自己的"理念",这个理念包含认知、环境观、世界观、价值观等,而理念必将影响其发现问题的角度,这最终又会不断修正个人理念。由此看出,六个素养目标之间是紧密相连、层层深入的。

M-ACK 意义教学模式的结构分为六个部分,分别是设定目标、辨识学情、编码材料、匹配策略、情境构建和整合评价。M-ACK 意义教学结构第一步是设定目标。设定目标之前需要解读课标。解读《义务教育地理课程标准(2022 版)》,首先需要对课程标准的课程目标进行解读。课程目标的表现形式有两种,第一种是认知内容,第二种是认知的方式和水平。以课程目标要求为基准,挖掘学生所要达到的基本认知内容,运用地图指导学生明确学什么,怎么有效地学。围绕着课程目标的要求,提取案例区域所包含的基本地理原理、规律进行区域案例教学。因此目标有效设定首先需要仔细解读课程标准,理解课堂教学基本要求和重点,然后分析教材内容,细化教学目标,最后充分考虑学生原有经验及学习能力的差异,设定合适的梯度式教学目标。

M-ACK 意义教学结构第二步是辨识学情。意义教学有效性的关键点在于教师能够清楚地辨识学情,因为这是教师有效教学和学生有效学习的起点,只有找准起点,才能较为明确地判定终点的位置。辨识学情包括三个方面。首先,教师需要辨识学生原有经验,这里已有经验包括学生的生活经验和真正掌握的知识,而非已经学过的知识。其次,教师需要了解学生学习类型和学习能力。在 M-ACK 意义教学中关注的学生学习类型主要有三种——视觉学习型、听觉学习型和动觉学习型。视觉学习型的学生主要是通过"看"来进行学习,教师在教学过程中可以多利用学生可以看得到的东西进行教学。听觉学习型学生则主要使用"听"来进行学习,因此,教师可以在教学中多使用有效的语言帮助学生学习。动觉学习型的学生更习惯通过动手(或身体运动)来探索外部世界,从而掌握有关信息,在开始教学前教师要对本班学生的学习类型进行测评。最后,教师还要关注学生的学习能力,根据学生不同的学习能力搭建桥梁助其完成设定的教学目标。

M-ACK 意义教学结构第三步是编码材料。本教学强调学生的学习只有在满足一定条件的情况才会发生。选取编码的材料要有科学性和逻辑性,这样才能够帮助学生产生意义学习。在保证材料的科学性和逻辑性的基础之上选择材料的形式。材料的形式有很多种,包括图片、故事、成语、谚语和视频等。在实际教学中具体选择哪种教学形式要根据教学内容和学生情况来决定。

M-ACK 意义教学结构第四步是匹配策略。本教学是根据学生原有经验和所学新知识之间的关系及知识的不同类型来判断该使用何种策略。当分析得出学生原有经验与新知识为上位关系时就匹配上位构建;当分析得出学生原有经验与新知识为下位关系时就匹配下位构建;当分析得出学生原有经验与新知识有相似性、可比性时就匹配并列结合构建;当分析得出学生原有经验与新知识没有交点时就需要教师先给学生提供知识固着点,这时就应该匹配先行组织者策略。

M-ACK 意义教学结构第五步是情境构建。M-ACK 意义教学中 M 代表 Meaning,即有意义的意思。对于学生而言,其有意义首先是看课堂是否有趣。因此,在设计活动时要注意学生的兴趣点,贴近学生的实际生活。为了使课堂有趣,提高学生的学习主观能动性,M-ACK意义教学要求教师在进行教学时首先要给学生设置一个情境,这个情境要兼顾视觉型学生和听觉型学生,视觉型材料和听觉型材料要搭配合理。为了防止设计的活动过于零碎,不利于学生逻辑思维的培养,特强调设置的这个情境要有主题性和连贯性,能够贯穿整个课堂。这个主题情境要贴近现实生活,具有一定的科学性和合理性。教师要在主题情境的基础上设计活动,确保每个活动之间有逻辑性。

M-ACK 意义教学结构第六步是整合评价。学生在学习新知识之后是需要整合并时常应用才能真正将所学新知识纳入自身知识结构当中的,否则遗忘的概率是非常大的。M-ACK意义教学要求学生在整合知识的过程中要"说出"自己的思维过程,教师通过分析学生的思维过程初步了解学生对知识的掌握情况。然后在后期的学习中逐步帮助学生完善其知识整合。需要注意的是,知识整合并不是一蹴而就的,也不是一劳永逸的,这个过程需要教师不断地引导和帮助。要求学生"说出"思维并不局限于学生嘴巴将答案说出,这个形式可以是多样的。最后一个部分就是评价。评价是一个价值判断的过程,其对于评判教学结构中前几部分内容设置是否合理起着至关重要的作用。通过评价我们可以反思教学是否符合社会和学生发展需求。最直观的就是通过本节课的学习,学生是否达到教师预设的目标。如果达到目标,那就要评价达标的程度,是刚刚达标还是远远超过预定目标。如果没达标就要深刻反思是哪一个环节出了问题,按照结构一步步自查进而优化。因此,在评价时要避免只采用目标参考的教育测验,避免评价主体单一化、缺乏人文关怀、忽视培养分析能力和创造能力、教育活动中的参与者处于被动状态等情况的发生,主张从多维度多层面进行评价。M-ACK 意义教学模式中的每一部分都是相辅相成的。目标既是教学的起点,也是教学的终点。解读课标、辨识学情是设定目标的基础,情境构建、编码材料、匹配策略又是为完成教学目标服务的,整合是为了帮助学生将所学知识纳入自己的知识结构,是前面所有工作成果的体现。评价是为了检验目标、活动等整个教学过程,通过评价可以更好地修正目标,如此反复来优化课堂教学。

　　M-ACK 意义教学模式将学生行为分为内在和外在。学生外在行为包括阅读、调查、观测、实验和考察等。学生内在行为包括分析、对比、推理、综合和迁移。学生的学习首先是通过其外在行为,经过一段时间的强化之后慢慢转化为其内在行为。内在行为不仅是一种行为,更是一种思维方式。所以当其外在行为转化为内在行为时,学生也形成了相应的学科思维。在地理学习中,学生通过外在学习行为(如阅读地图、调查事实、观测气温、水能实验和研学考察等)完成其内在学习(如要素分析、对比分析、推理分析、综合分析和知识迁移),形成其自身的地理思维方式、能力、行动力和意志品格,为最后构建人地协调观奠定基础。

第二章

M-ACK 意义教学目标设定

M-ACK 意义教学结构第一步是目标设定。2022 年 4 月,教育部发布了《义务教育课程方案和课程标准(2022 年版)》,新的地理课程方案和标准基本保持现有的地理课程内容,适当更新部分课程内容。区域地理内容方面,其已经从传统的区域地理变化为以区域为载体,关注区域人与环境的关系或是人地关系地域系统,关注区域发展问题。世界地理部分是充分贯彻"构建人类命运共同体"的理念,对于世界区域的选择,从整体性和差异性出发,开放性地选择不同空间尺度的区域。中国地理部分则充分贯穿"创新、协调、绿色、开放、共享"五大发展理念,从区域的选择、主题的确定、案例的安排等方面展现我国发展的现状和前景。其他地理内容方面则是特别关注海洋强国、国家安全等内容。新课标采用"知识进阶"的方式组织课程内容,重视地理学科对学生发展和社会发展重要意义的表达,强调地理思维方式、地理技能的培养和地理观点的形成。义务教育地理课程标准主要由"课程性质、课程理念、课程目标、课程内容、学业质量和课程实施"等部分组成,在整本课程标准的阐述中,核心素养始终贯穿其中。学习目标的设定则主要是围绕课程理念、课程目标、课程内容展开。因此,M-ACK 意义教学目标的设定需要对新课标进行解读和分解,再结合教学内容和学段学情进行设定。目标有效设定共分为三步:首先是研读课程目标,明确地理课程要培养的价值观、必备品格和关键能力;其次,分析课程内容结构和内容标准,确定学习的"单元"和单元"大概念",构建单元概念图;最后,对内容标准进行分解,明确行为动词、行为条件、行为程度,确立学习目标,再次进行教材内容分析,细化学习目标。

一、研读课程目标,明确地理课程要培养的价值观、必备品格和关键能力

2022 版的义务教育地理新课标的亮点之一就是凝练了地理学科核心素养。本次地理课程标准修订,按照"核心素养——课程标准——单元设计——学习评价"的思路展开,在此基础上创新育人模式。地理课程要培育的核心素养,主要包括人地协调观、综合思维、区域认知和地理实践力等,是学生通过课程学习逐步形成的正确价值观、必备品格和关键能力,是地理课程育人价值的集中体现,体现了地理课程对培育有理想、有本领、有担当的少年的独特价值(高振奋,2022)。

四个地理学科核心素养构建成一个相互联系的有机整体,图 2.1 展示了四大核心素养的

关联。人地协调观是学生认识地理环境、人类活动与地理环境关系所形成的正确的价值观;综合思维和区域认知是学生分析与理解地理事物和现象、人地关系的思维方式和能力;地理实践力则是在面对现实中的人地关系问题时,运用综合思维和区域认知方法分析与解决问题的能力及其在此过程中表现出的科学精神和意志品质(段玉山 等,2022)。

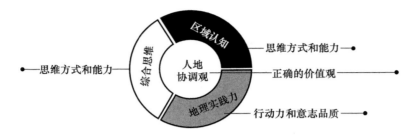

图 2.1　地理课程要培养的核心素养的构成图(中华人民共和国教育部,2022)

在整本课程标准的阐述中,核心素养贯穿了始终,特别是课程目标的阐述,每一条课程目标都是从认知地理知识、学习和运用地理方法和技能、提升思想观念三个方面来拟定的。学科核心素养是学科育人价值的集中体现,需要明确其内涵、育人价值、目标要求。表 2.1 是对 2022 版新课标课程目标的分解。

表 2.1　课程目标的分解

核心素养	定义	内涵	育人价值	目标要求
人地协调观	指人们对人类活动与地理环境之间的关系秉持的正确价值观	人地关系是地理学研究的核心内容,协调人类活动与地理环境的关系,是建立人与自然生命共同体的需要	人地协调观的培育,有助于学生形成尊重和保护自然、绿色发展等观念,滋养人文情怀,增强社会责任感	1. 学生能够初步认识地理环境是人类生存的基础,人类活动深刻影响着地理环境,协调人地关系是人类社会可持续发展的必然选择; 2. 能够运用所学的知识、方法和工具,面对世界、中国、家乡出现的人口、资源、环境和发展问题,做出初步的分析和评价,并具有遵守相关法律法规的意识; 3. 能够立足家乡、胸怀祖国、放眼世界,初步树立人与自然和谐共生的观念
综合思维	指人们综合地认识地理环境及人地关系的思维方式和能力	人地系统是一个综合体,需要从多种地理要素相互联系、时空变化等角度加以认识	综合思维的培育,有助于学生形成系统、动态、辩证地看待问题的思维方式,树立求真务实、开拓创新的科学精神	1. 学生能够初步理解地理事物和现象是由地理要素在不同时空条件下相互作用形成的; 2. 能够通过观察、比较、分析等方法,认识地理事物和现象的自然、人文特征及其时空变化特点,初步形成从地理综合的视角看待和分析问题的意识和能力; 3. 能够初步具备崇尚真知、独立思考、大胆尝试等科学品质

核心素养	定义	内涵	育人价值	目标要求
区域认知	指人们从空间—区域的视角认识地理环境及人地关系的思维方式和能力	人类生存的地理环境复杂多样,人们将其划分成不同空间尺度、不同类型的区域加以认识	区域认知的培育,有助于学生建立地理空间观念,认识不同的区域既各有特色,又相互联系,增强热爱家乡的情感和国家认同感,增进对世界的理解,逐步形成人类命运共同体意识	1. 学生能够初步理解地球上有不同空间尺度、不同类型的区域,每一个区域都有各自的特征,不同区域之间会产生联系; 2. 能够运用多种地理工具获取区域信息,认识区域特征、区域差异和区域联系,初步形成从空间—区域的视角看待和分析问题的意识和能力; 3. 能够增进热爱家乡、热爱祖国的情感,形成人类命运共同体意识
地理实践力	指人们在地理实验、社会调查、野外考察等地理实践活动中所具备的行动力和意志品质	地理实验、社会调查、野外考察是地理学常用的研究方法,也是地理课程重要的学习方式	地理实践力的培育,有助于学生在真实环境中运用适当的地理实践活动方式,观察和认识地理环境,体验和感悟人地关系,并在活动中做到知行合一、乐学善学、不畏困难(高振奋,2022)	1. 学生能够初步掌握地理实验、社会调查、野外考察等地理实践活动的基本方法; 2. 能够在校内、校外的真实环境下,运用所学知识和地理工具,通过地理实践活动,观察和感悟地理环境及人们生产生活的状态,尝试解决实际地理问题,增强信息运用、实践操作等行动力; 3. 能够养成在实践活动中乐于合作、勇于克服困难等品质

研读课程目标为教师在制订相关内容的课堂教学目标和确定教学重点、评价教学效果时提供了重要的依据。如果我们将课程目标的具体内容进行解读,将关键信息提炼出来,那么在设计教学目标时就相对比较清晰、简单。表2.2为课程目标的解读。

表 2.2　课程目标的解读

核心素养	地理核心知识	形成核心知识的学习方法	思想观念
人地协调观	1. 地理环境对人类活动的影响; 2. 人类活动对地理环境的影响; 3. 协调人类活动与地理环境之间的关系	案例学习或主题式学习	家国情怀; 国际理解; 人与自然和谐共生; 人类命运共同体等
综合思维	1. 要素知识(自然地理要素、人文地理要素); 2. 时空知识(现状、形成和发展); 3. 地区知识(地方或区域内的要素)	经验性知识衍生; 比较法; 逻辑思维可视化	崇尚真知、独立思考、大胆尝试的科学品质; 用科学的眼光看待问题; 用科学的方法验证和解决问题
区域认知	1. 区域及其类型的知识; 2. 区域位置的知识; 3. 区域地理分布的知识; 4. 区域地理特征知识; 5. 区域间联系的知识	在地图上"划区(块)的方法";能够运用多种地理工具获取区域信息,认识区域特征、区域差异和区域联系,初步形成从空间—区域的视角看待和分析问题的意识和能力	热爱家乡; 热爱祖国; 人类命运共同体

续表

核心素养	地理核心知识	形成核心知识的学习方法	思想观念
地理实践力	1. 收集和处理地理信息的知识； 2. 设计地理实践活动的知识； 3. 实施地理实践活动的知识	做中学	信息意识； 问题意识； 合作精神和克服困难的品质

通过表 2.2,我们可以较清晰地看到义务教育阶段地理课程要培养的价值观、必备品格、关键能力具体有哪些。以地理区域的学习为例,学习任何一个区域,涉及的知识层面有:区域及其类型的知识、区域位置的知识、区域地理分布的知识、区域地理特征知识、区域间联系的知识等,不是每一个区域都要面面俱到,各个区域有自己的特点和学习重点,但是学习每个区域时,需要运用多种地理工具,提取指示区域特征显著特点的信息,选取恰当的维度与指标,比较区域差异,分析、归纳区域基本特征,从区域差异出发认识区域间的联系,这是学生在学习每个区域时应注重培养的方面。

二、分析课程内容结构和内容标准,确定需学习的"单元"和单元"大概念",构建单元概念图

(一)分析课程内容结构,明确学习单元

课程目标分解完之后则需将课程目标与课程内容相结合,发挥课程培育核心素养的内在功能,将课程目标要求落实在地理课程内容之中,以达到培育学生的学科核心素养的目的。核心素养具有内在性、综合性、情境性等特征,其育人目标的突破口在地理课程内容的结构化,即选择最具有核心素养成分和价值的学科知识内容并进行结构化组织,在课程内容的组织上增强知识之间的联结,加强综合性与情境性,培养学生在真实情境中解决问题的能力。

2022 版课程方案明确指出:课程标准应"基于核心素养培养要求,明确课程内容选什么、选多少,注重与学生经验、社会生活的关联,加强课程内容的内在联系,突出课程内容结构化,探索主题、项目、任务等内容组织方式。原则上,各门课程用不少于 10% 的课时设计跨学科主题学习"。由此可见,课程内容的结构化可以是:以素养为纲,以问题解决为目标,以"单元大概念"为学习核心,以"主题""任务""项目"等"学习单元"为组织形式,对学科教学内容进行统整设计,以增强学科知识之间、学科与生活之间、学生与生活之间的联系。

结构化的组织方式有利于避免在课程设计上陷入碎片化的知识点罗列和堆积,强调教学目标要落在素养上,教学内容的设计与学生学习行为的设计要统一,以学生学习行为的设计为主线,以问题或任务为导向,以学习项目为载体,统筹考虑,强调真实情境、真实任务,强调在问题解决过程中渗透学科思维模式和探究模式,凸显学习过程的综合性和实践性,使学生经历完整的"学习单元",形成结构化、整体性的核心素养。对比当前的教学,学生通过一个课时的学习无法形成一个完整的经验,不会做一件比较复杂的具体的事情。相反,通过一个"单元"的学习,学生就拥有了一个完整的学习经历并形成经验,也就可以做复杂而具体的事情。因此,在

实际教学中,课程内容的标准不再是一条一条独立列出,而是根据内容结构,划分学习主题"大单元"。图2.2是义务教育地理课程内容结构。图中清楚地可以看出:义务教育地理课程标准课程内容主体由认识全球、认识区域、地理工具和地理实践四大部分构成。从空间尺度的视角对课程内容进行组织,按照"宇宙—地球—地表—世界—中国"的顺序,以认识宇宙环境与地球的关系、地理环境与人类活动的关系为主要线索,引导学生认识人类的地球家园(高振奋,2022)。其中"认识全球"部分分为三个主题单元,侧重认识地球的整体面貌;"认识区域"部分分为两个主题单元,侧重认识世界和中国不同空间尺度的区域,以及人们生产生活与区域地理环境的关系。在不同的主题中贯穿地理工具应用和地理实践活动,突出地理课程的实践性。

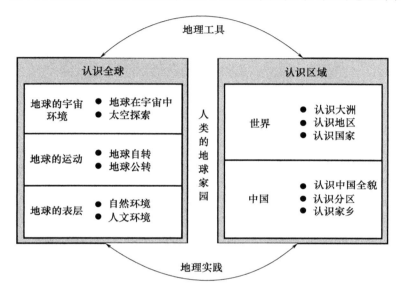

图2.2　义务教育地理课程内容结构图(中华人民共和国教育部,2022)

(二)分析课程内容标准,提炼单元概念,构建单元概念图

学习单元确定后,就需要根据课程内容标准的具体要求,提炼单元概念,构建单元概念图。在课程标准"课程内容"的表述中,有"内容要求""学业要求""教学提示"三个部分。仔细研读,其实这三个部分就在反映课堂教与学的"学什么?怎么学?学到什么程度?"和"教什么?怎么教?教到什么程度?"的问题。"内容要求"指向"学什么",强调在学习单元中扎实的基础知识学习的重要性;"学业要求"指向"学得怎样",结合教学内容要求,提出素养发展目标;"教学提示"指向"怎么学",即学习什么内容、达到怎样的要求,学生必须经历哪些基本的、典型的活动(段玉山 等,2022)。单元概念就在内容要求中提炼整合,单元目标和课时目标则结合"学业要求""教学提示"进一步确定。以主题五"认识中国"中的二级单元"认识分区"为例。"认识中国"主题属于"认识区域"部分,需要以地球基础知识和世界地理的学习为基础,在认识中国基本地理国情的同时,深化对已学地理基础知识、基本技能和地理学习方法的理解。"认识中国"主题与"认识世界"主题在培育学生核心素养方面的意义基本一致——以区域为载体体现核心素养的培育过程。相较于"认识世界",本主题的特点在于强调激发学生热爱祖国、热爱家乡的情感,厚植家国情怀,培育爱国主义精神。

根据课程框架,"认识中国"主题由三个二级单元组成:"认识中国全貌""认识分区""认识家乡"。结合"认识中国"主题的内容要求,不难发现三个二级单元在学习区域地理方面的基础知识、基本技能和基本方法是相同的,主要区分在于不同主题学习区域的位置、范围、地理特征等属性及其学习要求的详略程度上。"认识分区"单元,内容要求为八条。分成两类——一般区域和特殊区域,特殊区域指定了具体区域,包括北京、香港、澳门和台湾。通过"认识分区"单元的学习,将引导学生更加深入、具体、形象地认识中国内部的不同类型区域,强化和完善对中国地理的认识,使学生获得中国地理分区知识的同时,更强调区域地理学习方法的意义,见表 2.3。

表 2.3 "认识分区"内容要求

一级单元	二级单元	内容要求
认识中国	认识分区	运用地图、图像等资料,说明秦岭—淮河等重要自然地理界线在地理分区中的意义
		运用地图和相关资料,说出某区域地理位置和自然地理特征,说明自然条件对该区域社会经济发展的影响,认识因地制宜的重要性
		结合实例,描述不同区域的差异,说明区域联系和协同发展对经济社会发展的意义
		运用地图和相关资料,描述某区域城乡分布和变化,推测该区域城乡发展图景
		进行野外考察或运用相关资料,说明自然环境与地方文化景观之间的关系
		运用地图和相关资料,说明北京的自然地理特点、历史文化传统和建设成就,认识首都职能
		运用地图和相关资料,举例说明香港、澳门的自然地理、历史文化传统和经济建设特点以及港澳与内地经济发展的相互促进作用,增强区域联系的意识
		运用地图和相关资料,举例说明台湾的自然地理、历史文化和经济建设的特点,认识台湾自古以来就是中国不可分割的领土以及促进海峡两岸经济融合发展的意义

根据内容要求,我们可以从中提炼"认识分区"单元概念:自然地理界线、因地制宜、区域协同发展、城乡发展、文化景观、城市职能、特别行政区、台湾省、融合发展。将这些概念整合,可以得出单元概念图,见图 2.3。

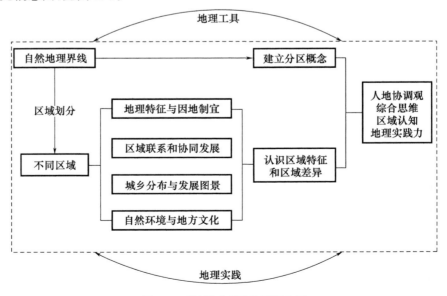

图 2.3 "认识分区"单元概念图

三、分解内容标准，明确行为动词、行为条件、行为程度，确立学习目标

（一）分解内容标准，明确行为动词、行为条件、行为程度

学科核心素养的培养，最终还是要在每一节课上都有所体现和逐步落实。因此，除了整体把握义务教育地理课程的课程目标和内容结构外，每一个课时也应该与课程目标、单元整体目标相整合，使不同时段、不同内容的课程目标相互联系、相互衔接、螺旋上升。每一节课的课时目标的制定，与课程标准中内容标准的"内容要求"和"学业要求"息息相关。2022版的义务教育地理课程标准中，"内容要求"和"学业要求"的表达方式都采用了"行为条件＋行为要求＋核心内容"的行为化表达方式，且贯穿全部"内容标准"，这种表达方式强化了地理课程"做中学"的要求，有利于达成核心素养培育的目标。其中，每一条"学业要求"对应一个主题单元，表述上更偏重通过什么方式，学到什么程度，形成什么情感态度价值观。因此，"学业要求"可以看成是一个学习单元的总体目标。"内容要求"可以作为单元课时要求，但需要结合"学业要求"和"教学提示"对其行为动词、行为条件、行为程度做进一步分解。

以"认识分区"单元中的"运用地图和相关资料，说出某区域地理位置和自然地理特征，说明自然条件对该区域社会经济发展的影响，认识因地制宜的重要性"这条课标为例。首先，将与之相关的"学业要求"和"教学提示"部分提取出来，见表2.4。

表 2.4　"认识分区"单元中某课标的"学业要求"和"教学提示"分析表

项目	课标原文
内容要求	运用地图和相关资料，说出某区域地理位置和自然地理特征，说明自然条件对该区域社会经济发展的影响，认识因地制宜的重要性
学业要求	学习本主题后，学生能够运用地图及其他地理工具，从不同媒体及生活体验中获取并运用有关中国地理的信息资料，能够描述中国不同地区的主要地理特征，比较区域差异，从区域的视角说明人类活动与自然环境和资源的关系，初步形成因地制宜发展的观念
教学提示	1. 本主题重在指导学生运用区域分析的方法，探究中国内部不同区域的自然和人文环境特点以及经济社会发展状况，旨在帮助学生感受祖国山河的壮美、人们生产生活的丰富多彩，培育热爱祖国的情感。 2. 本主题的教学应从中国地理的事物和现象入手，利用丰富的图文资料和学生已有的常识、经验，创设多样的教学情境。 3. 本主题的教学要引导学生采用观察、描述、比较、说明、分析、归纳、评价等方法，认识中国地理环境的特点；结合学生的生活体验，利用生产和生活实例、时事热点问题等激发学生的兴趣，引导学生进行探究学习；开展学具制作、地理实验、社会调查、野外考察、社会实践、劳动以及防灾避险紧急演练等实践活动，让学生在做中学

将三者对比，分解并确定其中的行为动词、行为条件、行为程度，见表2.5。

表 2.5　"认识分区"单元中某课标的"内容要求"分解

内容要求	运用地图和相关资料,说出某区域地理位置和自然地理特征,说明自然条件对该区域社会经济发展的影响,认识因地制宜的重要性		
分解栏目	行为动词	行为条件	行为程度
课标分解	运用	地图及其他地理工具;典型、具体的实例;学生已有的常识、经验	识别、观察、描述、比较、分析等用图基本技能
	说出		归纳并描述区域地理位置和自然地理特征
	说明		比较区域差异,说明自然环境各要素(包括自然资源)对产业活动和人们生活的影响等
	认识		用事实说明因地制宜的道理和成果

分析表 2.5,我们可以看出,本条内容包含四个要点:一是地理基础技能运用,这是贯穿整个地理学习过程中的;二是区域的地理位置和自然地理特征,这在认识世界时就已出现,是分析区域特点的基本出发点;三是该区域自然条件对区域经济社会发展的影响,是第二个要点的延伸和拓展;四是认识因地制宜的重要性。这是本条内容要求的教育价值所在,是第三个要点的延伸。四个要点环环相扣,既有认知方面的要求,又有价值观方面的要求。行为动词有"运用""说出""说明""认识",前三个行为动词较具体、可操作,在认识中国全貌的学习中都已学习过。教学中,这些内容要求的达成主要是具体区域具体分析,加深对已学知识、技能和方法的应用。"认识"一词在教学操作上较难,教学时的难点可以放在此处,侧重用典型的、具体的实例帮助学生理解什么是区域发展中的"因地制宜"。

(二)分析教材内容,细化学习目标

"内容要求"分解后,根据确定的行为动词、行为条件、行为程度,结合所学习的具体区域的教材呈现,叙写明确的学习目标。地理教材的内容是进行学习目标设计的"物质载体"。教材中的内容通过"文字""地图""活动"等形式加以呈现,各部分内容之间具备一定的逻辑关系。分析教材各部分内容,可以发现教材里每个章节的"标题"反映了"内容要求",教材里的文字和地图、活动等内容隐含了"学业要求"。因此,在设计教学目标时,将教材里各部分内容对应的课程内容标准一一进行分析,理顺各部分内容内在的逻辑关系,有效结合教材的使用,完善和细化学习目标。

以黄土高原地区为例,黄土高原是世界上最大的黄土堆积区,其深厚的黄土层对当地的经济发展和人们的生产生活有着深远的影响。本节地理教材呈现了"文明的摇篮""风吹来的黄土""严重的水土流失""水土保持"四个要点(标题),"黄土高原地形"图、景观图、水土流失原因示意图、水土保持示意图以及阅读材料、活动。

分析教材内容,其体现的逻辑关系如图 2.4 所示。

结合课程标准和教材体现的逻辑关系,本节内容的目标重在通过案例的分析,让学生掌握分析区域自然灾害与环境问题的方法,并根据分析出的环境问题的具体表现以及产生的原因,提出对应的解决措施,即重在对区域认知的方法的学习。因此,本节的学习目标见表 2.6。

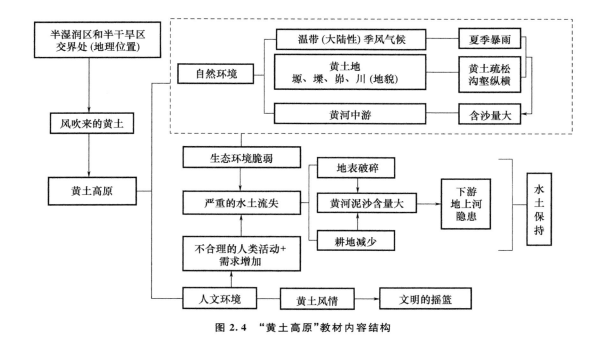

图 2.4 "黄土高原"教材内容结构

表 2.6 "黄土高原"学习目标

内容要求	运用地图和相关资料,说出某区域地理位置和自然地理特征,说明自然条件对该区域社会经济发展的影响,认识因地制宜的重要性
案例区域	黄土高原
学习目标	1. 学生通过对比黄土高原在中国的位置图、中国地形图、中国气候图,说出黄土高原位于半湿润区和半干旱区过渡区的位置特点。 2. 学生通过阅读黄土高原地形图、景观图,说出黄土高原黄土层深厚、沟壑纵横的特点,并根据资料,推断黄土高原黄土的来历。通过阅读黄土高原相关气候资料,说出黄土高原全年降水较少、夏季多暴雨的气候特点。 3. 学生通过观察黄土高原人们生活场景的资料,能举出实例说出黄土高原富有特色的"黄土风情",并分析说明这些"黄土风情"和自然环境的关系。 4. 学生通过黄土高原具体区域案例,分析黄土高原严重的水土流失问题及其造成的危害。 5. 学生通过分析产生黄土高原环境问题的原因根源,尝试找出合理的解决措施

  这里需要注意的是,学习目标指向全体学生,其表现程度是最低要求,是学生通过学习之后的预期结果,为了便于后续的学习评价,行为动词要尽可能清晰、可测评。同时,课时目标下还应设置课堂教学活动的分任务目标,与课程目标、单元目标、课时目标的叙写都应该一致。

  课程标准是学生学习地理课程必须达到的基本要求,在教学活动中如何体现地理课程"课程内容"中的"内容要求""学业要求",将学科核心素养的培养落实到实处,是每一名地理教师所必须考虑的问题,而落实课程目标是实施新课程的关键。课堂教学中,首先要着眼于学习目标精确、具体、可操作性的设计,有了明晰的目标,才能更好地围绕目标来精心选择教学方法和组织教学内容,设计相应的教学策略和进行教学评价,这样才能保证课程目标有效落实到课堂教学中。为此,在教学中认真解读课程标准,探讨设计合理、有效的学习目标,并结合教材实施教学,将课程标准落到实处,引导学生在课堂有限的时间内,尽可能地学习对生活、对终身发展有用的地理知识,改变原有的学习地理的方式,形成主动学习的态度,具有重要的意义。

第三章

M-ACK 意义教学学情辨识

在 M-ACK 意义教学模式中，学情的编码是根据"学情分析——学习内容二维矩阵表"来确定的。学情内容包括学生已经学习过的相关知识、生活经验和学习类型。所要分析内容分为三类——知识、技能和社会规范。其中社会规范是指以情感为核心的知、情、行的整合。辨识学情不是一次性的，而是需要不断修正和补充的。每次上完课之后需要对学生进行后测，依此来了解学情分析的有效性并进一步进行修正。"学情分析——学习内容二维矩阵表"具体如表 3.1 所示。

表 3.1   学情分析——学习内容二维矩阵表

学生学情	所要分析内容			与新知识的关系
	知识	技能	社会规范	
已经学习过的相关知识				
生活经验				
学习类型				

在 M-ACK 意义教学中，无论是目标的设定、材料的编码，还是策略的匹配、情境的设计都是基于对于学生学情的准确把握。由于学生的学习类型在相当长的一段时间内都相对稳定，因此，学生学习类型的判断测试只用在每学期开学初进行一次测试即可。可采用测试题对学生进行测试，通过分析每种类型学生的占比来判断所教班级学生学习类型情况。还有一点需要注意，当发现某个学生学习很认真，但是效果却不理想时，就需要特别关注他的学习类型是否有别于班上大部分同学，教师在帮助学困生时需要使用适合他的方式进行辅导，学生学习类型测试题详见表 3.2。

表 3.2   学生学习类型测试表

视觉型题目	听觉型题目	动觉型题目
1. 我喜欢乱涂乱画，笔记本里常有许多图画或者箭头之类的内容	1. 我字写得不整洁，作业本上常有涂黑圈的字或者橡皮擦过的痕迹	1. 对刚买的新产品，我不喜欢看说明书，我喜欢马上动手试着去用

续表

视觉型题目	听觉型题目	动觉型题目
2. 我把事物写下来能够记得更清楚	2. 我只要听见了就能记住,无须看见或者通过阅读	2. 当别人给我演示如何去做某事时,我的学习收获最大,而且我也会找机会试着自己动手去做
3. 如果有人告诉我如何到一个新地方去,我不写下行走线路就会迷路或者迟到	3. 写字很累,我用钢笔或者铅笔写字的时候用力很重	3. 我喜欢以尝试错误的方式解决问题,不喜欢以按部就班的方式解决问题
4. 当我想记住某人的电话号码或者诸如此类的事情时,我得在脑子里"看"一遍才行	4. 即使医生认为我的视力很好,我的眼睛也很容易疲劳	4. 我按照指示或说明去做事情之前,喜欢先看一看别人是怎么做的
5. 我答题的时候,脑子里往往能"看到"答案在书中的第几页	5. 我阅读的时候,容易把结构相似的词弄混。如马与鸟、请与清、them 与 then 等	5. 我发现自己在学习的时候常常中断下来去做别的事
6. 我在课堂上听讲的时候,喜欢聚精会神地看着主讲人	6. 我难以看懂别人的笔记	6. 我不善于口头或书面表达
7. 当有人在谈话或者有音乐声时,我很难集中注意力听明白某个人在说什么	7. 比起看书的方式,我会选择听讲座的方式获得新知识	7. 甚至在陌生的环境中我也比别人不容易迷路
8. 如果有人给我讲个笑话,我很难马上明白过来	8. 我对听来的故事比书上看到的故事印象更深	8. 当我想不起一个具体的词时,我会用手比画着帮助回忆
9. 如果有一个安静的地方,我会把事情干得更好	9. 一首新歌我只要多听几遍就会唱了	9. 体育课中,我不喜欢听老师讲动作要领,而是喜欢自己先模仿
10. 我只要观察过别人做活,无须亲自看书就能学会	10. 看过的电影电视,我对里面的音乐音响效果比画面印象更深	10. 别人告诉我一个电话号码,我自己不说一遍或者写一遍,一般很难记住,哪怕别人说很多遍或者写下来给我看
11. 我读书的时候喜欢用手指或者笔指着所读之处	11. 如果没有电视看,听广播也能让我很欢乐	11. 我比较喜欢手舞足蹈地跟别人说话
12. 字迹印刷得小,书上有污点,纸张质量差,或者装订不好的书或者试卷影响我的阅读情绪	12. 我不喜欢非常安静的环境	12. 我对记过笔记的上课内容,即使没有回头看笔记,也要比没有记过笔记的内容容易记住

测评方法:每个问题可选择经常、有时和从不。选"经常"得 2 分,选"有时"得 1 分,选"从不"得 0 分。

将视觉型题目得分相加记为 a,将听觉型题目得分相加记为 b,将动觉型题目得分相加记为 c。用公式 a/(a+b+c)计算你的"视觉"倾向权重;用公式 b/(a+b+c)计算你的"听觉"倾向权重;用公式 c/(a+b+c)计算你的"动觉"倾向权重。通过教学实验发现,通常偏科的学生某一类型的倾向权重会远远大于其他类型,而不偏科的学生往往三种类型所占权重相当。本书将以 2022 版义务教育新课标为例,从地理要素和不同空间尺度的区域两个维度选择几个例子来做详细说明。

一、地理要素

本书学情分析地理要素教学案例是以"阅读某地区气温、降水量数据资料,绘制气温曲线和降水量柱状图,说出气温与降水随时间的变化特点"课标为例,选择的要素是气温和降水。初中地理中地理要素的学习主要是在七年级上册进行的,对于刚进入初中的学生来说,并没有接触过系统的地理学习,其原有的知识经验大多来自他的生活经验或其他课程的学习。因此,对应这条课标要求学生能达到的程度是能根据图表归纳该地气温全年的高低变化规律和降水量多少的季节变化规律。这就需要学生能够读懂气温、降水量资料(图或数据),比如某地某年内各月气温和降水量图或数据资料。本节的前测关键点在于检测学生是否能够读懂气温、降水量数据资料。对于刚进初中不久的七年级学生来说读图仍是难点,需要不断加强学习,所以前测主要是观察学生是否能够读懂气温和降水量数据。具体前测如图 3.1 所示。

课标:阅读某地区气温、降水量数据资料,绘制气温曲线和降水量柱状图,说出气温与降水随时间的变化特点。

前测卷

阅读 A 地气温、降水量数据,完成下列问题。

月份 要素	1月	2月	3月	4月	5月	6月	7月	8月	9月	10月	11月	12月
气温(℃)	3	4	8	14	18	21	27	25	18	11	9	1
降水量(mm)	12	15	21	45	89	121	135	122	112	75	32	19

1.A 地最高气温出现在＿＿＿＿＿＿月,气温是＿＿＿＿＿＿℃。

2.A 地降水量最多的月份是＿＿＿＿＿＿月,降水量超过 100 mm 的月份是＿＿＿＿＿＿。

图 3.1　气温和降水课标前测卷

学生能够绘制出气温曲线和降水量柱状图并说出气温与降水随时间变化特点的前提是学生能够读懂气温、降水量资料。在日常教学中,因为小学数学学习过类似的知识,很多教师是默认学生能够读懂某地某年每月气温降水数据表的。因此,教学中直接以此为教学起点进行教学,但是在实际教学中却发现很多学生是不理解这个数据表的,常见问题出现在认为最高气温是夏季几个月气温平均值,降水量是降水最多的几个月的平均数。通过使用前测卷能帮助老师明确知道学生实际掌握知识情况。如图 3.1 所示,前测卷 2 个小题中有 20% 的学生错到1 个及以上,那就需要教师将此知识作为新知识进行教学。基于本节学习目标,辨识本节学情,具体如表 3.3 所示。

表 3.3　气温和降水辨识学情表

学生学情	所要分析内容			与新知识的关系
	知识	技能	社会规范	
已经学习过的相关知识	基于前一节的学习,学生应该能够识别常见天气符号,了解天气预报播报事项;能够通过气温和降水分布图,描述世界气温和降水分布情况	阅读地图的一般方法	天气是和生活息息相关的,大多数学生关注生活中的地理现象,知道气温和降水的分布是有一定规律的,通过气温降水的观测,学生具有一定的气象观测兴趣和求真求实的科学态度	学生原有经验为本节课的学习提供了阅读地图和提取地图信息的一些方法和经验,可以以此作为教学的起点
生活经验	对当地的不同季节的气温和降水情况有所了解并有相关的生活经验。部分同学有旅游经历,因此对旅游地区与本地气候的差异有所体会			
学习类型	根据所教班级学生实际情况填写			

本节内容教学结束之后需要设计后测卷。后测卷的作用有三点:首先,能够检测前期的辨识学情是否准确,便于教师得到有效反馈并及时完善;其次,后测卷能够同时作为学生的课堂作业用来检验学生的学习情况;最后,后测卷还能作为下一次教学的前测卷,用来探明学生的原有经验的同时减轻教师教学负担。本节气温、降水课标的后测卷如图 3.2 所示。

课标:阅读某地区气温、降水量数据资料,绘制气温曲线和降水量柱状图,说出气温与降水随时间的变化特点。

后测卷

阅读 A 地气温曲线和降水柱状图及 B 地相关数据资料,完成下列问题。

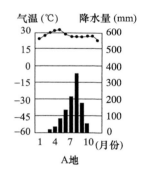

月份	1月	2月	3月	4月	5月	6月
气温(℃)	3	4	8	14	18	21
降水量(mm)	12	15	21	45	89	121
月份	7月	8月	9月	10月	11月	12月
气温(℃)	27	25	18	11	9	1
降水量(mm)	135	122	112	75	32	19

B 地

1. A 地最高气温出现在_____月,B 地降水最多的月份是_____月。
2. 请绘制出 B 地的气温曲线和降水量柱状图。
3. 写出 A、B 两地的气候特点。
A:_____;
B:_____。

图 3.2　气温和降水课标后测卷

二、不同空间尺度的区域

(一)大洲

本书大洲尺度的教学案例是以"运用地图和相关资料,描述某大洲的地理位置"课标为例,选择的大洲是亚洲。七年级下学期将进入世界区域地理的学习,认识一个区域首先得从认知这个区域的地理位置开始,本课标以亚洲为例要求学生掌握描述一个区域地理位置的方法,这是为后面其他区域的学习打下基础。我们可以从半球位置、海陆位置和经纬度位置等方面来描述一个地区的地理位置。而半球的划分、经纬度的判读、地图上方向的判读和大洲大洋的分布是我们七年级上册学习过的内容,所以前测主要是检测学生对上学期所学知识具体掌握情况。"亚洲的地理位置和分布"课标具体前测可以设置为阅读世界地理空白图,在图中标出七大洲、四大洋的名称,画出东西半球及南北半球分界线,说出亚洲主要位于哪个温度带。通过使用前测卷能帮助教师明确知道学生实际掌握知识情况。如果有 20% 的学生答错任意一个小题,那就需要教师将此小题相关的知识作为新知识进行教学。基于本节学习目标,辨识本节学情,具体如表 3.4 所示。

表 3.4　"亚洲的地理位置和分布"辨识学情表

学生学情	所要分析内容			与新知识的关系
	知识	技能	社会规范	
已经学习过的相关知识	七年级上册学习过东西半球和南北半球的划分、经纬度的判读、地图上方向的判读和大洲大洋的分布	阅读地图的一般方法	某区域的地理位置是其特有的自然环境和人文环境形成的关键要素之一。通过分析各地理要素之间的关系有助于学生人地协调观的培养	学生原有经验是本课标学习的基础,可以通过回顾旧知导出新知
生活经验	绝大多数学生都使用过经纬度位置和相对位置来描述某一区域的地理位置			
学习类型	根据所教班级学生实际情况填写			

本节内容教学结束之后需要设计后测卷。本节"某大洲位置与分布"课标的后测卷可以设计为阅读"亚洲的范围"图,回答从半球位置来看,某大洲主要位于哪个半球;从纬度位置来看,某大洲处于哪两条纬线之间,具体属于哪个温度带;从海陆位置来看,某大洲不同方位与哪些陆地和海洋相连。

(二)国家

本书国家尺度的教学案例是以"运用地图和相关资料,描述某国家突出的自然地理特征"课标为例,选择的国家是日本。日本由于其所处的地理位置导致其多火山地震,这也是其最突出的自然特征之一。日本多火山地震的原因主要是由于其位于板块交界处,这是学生学习过的内容,也是学生能分析出日本多火山地震这个自然特征的关键点,因此,前测主要是检测学生对板块知识的掌握情况。具体前测卷可以设计为阅读"六大板块与主要火山、地震的分布"图,在图中标注两大火山、地震带的名称,分析火山、地震带在分布上的共同特征;在图中选择某一具体山脉,用板块构造学说解释该山脉仍在持续增高的原因。

学生学过不等于真正掌握,通过使用前测卷能帮助教师明确知道学生实际掌握知识情况。学生对旧知掌握情况将直接影响本节课的授课内容。前测卷共设计两个问题,如果第一小题有学生答错,那就需要教师将此小题相关的板块知识作为新知识进行教学;如果第二小题答错,教师则无须将板块知识作为新知识进行讲解,但是需要教师有意识地引导学生回顾相关知识。基于本节学习目标,辨识本节学情,具体如表 3.5 所示。

表 3.5　"日本多火山地震"辨识学情表

学生学情	所要分析内容			与新知识的关系
	知识	技能	社会规范	
已经学习过的相关知识	对于板块的相关知识,知道板块内部稳定,板块与板块交界处比较活跃,多火山地震;了解板块运动方式对其产生的结果等知识有一定积累	阅读地图的一般方法	正确认识事物的两面性,地震火山不是只有危害,也能为人类带来自然资源,帮助学生形成辩证的思维方式	学生原有经验是本课标学习的基础,可以通过回顾旧知导出新知
生活经验	从时事新闻和学校安全教育中了解过地震的危害,参加过相关的防震演习			
学习类型	根据所教班级学生实际情况填写			

　　本节内容教学结束之后需要设计后测卷。本节"日本多火山地震"课标的后测卷可以设计为阅读"日本及附近地区的火山、地震"图,提问日本多火山、地震的原因及应对地震,日本采取的具体措施。

(三)地区——以"三江源地区的保护"课标为例

　　本书地区尺度的教学案例是以"运用地图和相关资料,描述中国主要的自然灾害和环境问题,针对某一自然灾害或环境问题提出合理的防治建议"课标为例,选择的地区是三江源地区。2022 版义务教育地理课程标准将 2011 版中的"分析某区域内存在的自然灾害与环境问题,了解区域环境保护与资源开发利用的成功经验"调整为"运用地图和相关资料,描述中国主要的自然灾害和环境问题,针对某一自然灾害或环境问题提出合理的防治建议",旨在培养学生将知识与生活相联系的能力,渗透地理实践力的培养。在教学中,教师通过引导学生阅读地图和相关图文资料,分析三江源作为江源之地的地理特点,知道三江源地区高海拔的地势、高寒的气候、广布的雪山冰川、星罗棋布的湖泊与沼泽之间的相互作用和相互影响,了解三江源地区是一个具有独特的高寒生态系统,孕育了长江、黄河、澜沧江的重要水源涵养地;以三江源地区存在的突出环境问题为载体,理解保护三江源地区生态环境的重要性和必要性,从而了解三江源地区保护江河源地、生态环境的成功经验。针对本课标的学习,首先需要学生能够了解地理要素之间是相互作用和相互影响的,而学生曾经学习过巴西热带雨林的保护与开发,可以使用其作为前测内容检测学生是否有将不同地理要素进行综合分析的思维。因此,"三江源地区的保护"课标具体前测如图 3.3 所示。

课标:运用地图和相关资料,描述中国主要的自然灾害和环境问题,针对某一自然灾害或环境问题提出合理的防治建议。

前测卷

阅读材料,完成下列各题。

亚马孙热带雨林占地约 550 万平方千米,是全球最大、物种最多的热带雨林,被誉为"地球之肺"。

1. 请指出亚马孙热带雨林的环境效益。

2. 关于亚马孙热带雨林的开发与保护,请谈谈你的看法并说明理由。

图 3.3　"三江源地区的保护"课标前测卷

　　学生对旧知掌握情况将直接影响本节课的学习结果。如果学生不能说明热带雨林开发或者保护的理由,说明其可能缺乏将不同地理要素进行综合分析的思维和能力,因此,需要教师在教学中对学生进行引导,避免出现默认学生前面学过相关内容就肯定掌握相关知识的情况。基于本节学习目标,辨识本节学情,具体如表 3.6 所示。

表 3.6　"三江源地区的保护"辨识学情表

学生学情	所要分析内容			与新知识的关系
	知识	技能	社会规范	
已经学习过的相关知识	对于热带雨林的开发与保护，湖泊、沼泽和湿地的作用等有一定基础	阅读地图的一般方法	从某地区的地理特点，理解保护其生态环境的重要性、必要性，树立正确的资源保护意识	没有具体的知识点，新旧知识的关联主要体现在思维和方法上
生活经验	直接经验较少，但是通过纪录片对雨林、湖泊、湿地与全球生态环境的关系等认知有一定积累			
学习类型	根据所教班级学生实际情况填写			

　　本节内容教学结束之后需要设计后测卷。本节"三江源地区的保护"课标的后测卷如图 3.4所示。

课标：运用地图和相关资料，描述中国主要的自然灾害和环境问题，针对某一自然灾害或环境问题提出合理的防治建议。

后测卷

阅读材料，完成下列各题。

　　三江源自然保护区为国家级自然保护区，位于青藏高原腹地，青海省南部。

1. 三江源地区生态环境脆弱的主要原因是（　　）。

A. 地势高，气候寒冷　　　　　　　　B. 冰川众多，湿地广布

C. 地表崎岖，交通不便　　　　　　　D. 深居内陆，远离海洋

2. 三江源地区湿地广布，该地区湿地的价值主要表现在（　　）。

①为人类提供了丰富的农副产品　　　②为鸟类等动物提供了良好的生存环境

③我国淡水资源的重要补给地　　　　④调蓄长江、黄河和澜沧江等河流的洪水

⑤具有发展农业的巨大潜力　　　　　⑥具有较高的旅游价值

A.①③⑤　　　　　　B.①②③　　　　　　C.②④⑥　　　　　　D.④⑤⑥

3. 请就三江源地区某一具体环境问题提出合理的防治建议并说明理由。

图 3.4　"三江源地区的保护"课标后测卷

（四）乡土地理——以"贵州苗族的图案纹饰"为例

　　本书乡土地理的教学案例是以"进行野外考察并利用图文资料，描述家乡典型的自然和人文地理事物和现象，归纳家乡地理环境的特点，举例说明其形成过程及原因"课标为例，选择的内容是贵州苗族的图案纹饰。"苗族的图案纹饰"隶属于人文地理"经济与文化"的范畴，2022版义务教育地理课程标准对于该内容的课程要求"重"在通过野外考察并利用图文材料描述家乡具有特色的人文地理事物，如服饰、饮食、民居等文化特点，并能说明其自然环境对其特点的影响，从而归纳家乡地理环境特点。本节内容的学习一方面要引导学生从"服饰文化"等方面进一步认识我们生存的环境；另一方面要加强认识自然环境要素对人类文化特点的影响。苗族又是具有特色的少数民族之一，本节内容的学习还可以作为综合性学习的载体，帮助学生进一步认识家乡所在地区的生活环境和民族文化，引导学生主动参与并学以致用，培养学生的综合思维、地理实践力等核心素养，通过培养学生对地理环境的审美情趣来增强其热爱家乡的情感。由于乡土地理没有相对应的教材且综合性较高，所以不用使用前测卷，只需完成辨识学情表和拓展练习即可。基于本节学习目标，辨识本节学情，具体如表 3.7 所示。

表 3.7 "贵州苗族的图案纹饰"辨识学情表

学生学情	所要分析内容			与新知识的关系
	知识	技能	社会规范	
已经学习过的相关知识	八年级学生对于区域地理位置、自然环境的描述有一定基础	阅读地图的一般方法	认识自然环境要素对人类文化特点的影响,培养学生对地理环境的审美情趣,增强其热爱家乡的情感	没有具体的知识点,新旧知识的关联主要体现在思维和方法上
生活经验	苗族是贵州的主要少数民族之一,学生对于苗族服饰、建筑、习俗等认知有一定的积累			
学习类型	根据所教班级学生实际情况填写			

本节内容的教学结束之后需要设计相应的练习。本节"贵州苗族的图案纹饰"课标的拓展练习如图 3.5 所示。

课标:进行野外考察并利用图文资料,描述家乡典型的自然和人文地理事物和现象,归纳家乡地理环境的特点,举例说明其形成过程及原因。

拓 展 练 习

1. 查阅资料,了解当地苗族支系及其代表服饰图案,选择其中一个支系,说说其苗族图案纹饰背后代表的意义。
2. 组织学生参观贵州博物馆或"多彩贵州文化展示中心",进一步了解贵州各区域苗族图案纹饰的特点。

图 3.5 "贵州苗族的图案纹饰"课标拓展练习

辨识学情会经过"前测—辨识—后测—反思—调整—再实施—再反思"螺旋循环的过程。通过这一过程能够有效帮助教师掌握学生学习情况,真正地做到因"才"施教。

第四章

M-ACK 意义教学材料编码

M-ACK 意义教学第四个教学结构是编码材料。意义教学只有在一定条件得到满足的情况下才能有效。其中客观条件是选取编码的材料要有科学性和逻辑性,这样才能够帮助学生产生意义学习。编码材料是为了更有效地进行教学活动、完成教学目标服务的。因此,要根据教学目标、学习内容确定所需选择材料的呈现方式和作用。

在 M-ACK 意义教学中,材料编码二维矩阵表有两个作用,首先是检测教学所选材料的正确性,其次是检测对于解决某一教学问题教师所选材料是否重复。基于材料编码的两个作用,我们可以将材料分为两类:第一类是必需材料,指本节课教师依据课标必须要使用到的材料,教学中需要明确这些材料是用于解决什么问题,落脚点在哪;第二类是非必需材料,是教师根据学生的学情和自己的个人风格而增添的材料。因此,材料编码主要分为四个步骤:①明确课标要求本节课学生要发生某些行为需要教师提供哪些材料,通过使用这些材料学生的学习能达到课标要求的基本目标,这一步是上好一堂"合格"课的基本要求;②在此基础上再添加符合学情和教师个人特色的材料;③完成教学设计之后利用材料编码复审表审视所用材料的实效性;④上完课之后利用反馈表对自己在实际教学中材料使用方面出现的问题进行反思,为下一次的教学积累经验。

M-ACK 意义教学材料的有效编码是基于教学目标和学生学情来进行的。本书将以 2022 版义务教育新课标为例,从地理要素和不同空间尺度的区域两个维度选择例子详细说明。

一、地理要素——以经线和纬线课标为例

经线和纬线的课标有三条:第一条是在地球仪上识别经线和纬线,说出经度和纬度的分布规律;第二条是用经纬度描述某一地理事物或现象所在地的位置;第三条是在地球仪上识别两极、赤道、南北回归线、南北极圈、本初子午线等,说出划分南北半球、东西半球的方法。

(一)必需材料编码

课标要求学生通过观察地球仪上的经纬线,认识纬线与经线,对比区分经线和纬线各自的形状、长度、数量、相互关系以及指示方向上的特点,归纳比较异同。同时,掌握比较和归纳等地理学习的常用方法。通过地球仪,掌握东经与西经、北纬与南纬的代表字母和划分依据,掌

握高中低纬度的划分方法,归纳经度与纬度随度数变化的规律,提升学生经纬度判读的能力。通过展示某一地理事物或现象描述其所在地的位置,强调经纬度知识的应用。通过地球仪,知道东西半球与南北半球的划分方法。因此,我们可以根据"必需材料来源——解决问题二维矩阵表"来确定,见表4.1。

表 4.1 "经线和纬线"必需材料来源——解决问题二维矩阵表

材料来源			解决问题	必需材料
教材	图	地球仪上的点和线图	读图了解地球仪上特殊的点(极点)和线(经纬线)	经线和经度图;纬线和纬度图;南北半球划分图;东西半球划分图;经纬网图;地球仪
		经线和经度图	读图掌握经线经度的特点	
		纬线和纬度图	读图掌握纬线纬度的特点	
		南北半球划分图	析图掌握南北半球的划分依据	
		东西半球划分图	析图掌握东西半球的划分依据	
		经纬网图	学会判读经纬度,即要求学生掌握东经与西经、南纬与北纬的分界线及各自代表的字母	
		台风"梅花"示意图	用经纬度描述某一地理事物或现象所在地的位置	
	阅读材料	"赤道纪念碑"阅读材料	介绍特殊的纬线(赤道)和特殊的经线(本初子午线)	
		"本初子午线的地面标志"阅读材料		
		热带风暴"梅花"新闻	用经纬度描述某一地理事物或现象所在地的位置	
	活动	制作简易的地球仪	观察地球仪,并用简易材料制作地球仪模型,帮助学生掌握地球仪上重要的点和线	
补充材料			用经纬度描述某一地理事物或现象所在地的位置	时事新闻

　　根据课标要求,本节课教学首先必需要用的材料是地球仪。教师使用地球仪教具用于演示地球仪上重要的点和线,学生使用地球仪用于观察经线和纬线的特点以及标记东经、西经、南纬、北纬并绘制分界线。教师的地球仪上用不同颜色的绳子表示经线与纬线,纬线有赤道,经线有 $20°W$ 和 $160°E$。通过教师的进一步加工,让学生对经线和纬线的定义更加明确。学生将所学的相关知识点落实在地球仪上,化抽象为直观。在了解经纬线、半球划分和利用经纬度定位时,学生需要具有较强的空间思维,能够想象经纬线和东西半球、南北半球的立体图像。而在实际判读时,学生往往得到的不是经线的立体图,而是平面图。但是经线的平面图形相较立体图形变形很大,学生难以理解,因此,在教学中需要将地图和地球仪对比起来,让学生绘制并观察,将抽象的概念落实在地球仪上,方便学生对经纬线及半球位置形成直观印象。

（二）非必需材料编码

非必需材料是教师根据学生的学情和自己的个人风格而增添的材料,目的是为了引起学生的兴趣,帮助学生更好地学习。根据课标要求,本节课教学非必需要用的材料可选用可擦写地球仪以及不同颜色马克笔供学生使用。学生用的可擦写地球仪相较一般地球仪而言经纬线更加清晰,没有经纬线度数,并且可以在地球仪上进行涂写和擦除,方便学生将所学的相关知识点落实在地球仪上,化抽象为直观,对于本节课有非常重要的作用。对于"用经纬度描述某一地理事物或现象所在地的位置",教师可以选择教材中使用的例子,也可以选择近期发生的新闻作为实例,着重强调经纬度判读的实际应用。

（三）审视编码材料

选择本节课的必需材料和非必需材料之后就需要对材料进行编码,清楚每一个学习材料的作用,学习材料的作用可以分为情境、事实、示范、过程、设疑和总结。完成编码之后就需要对已经编码的材料进行审视,利用材料编码复审表审视所用材料的实效性。根据每节课具体的教学目标按照不同的呈现方式将所要学习的内容按要求填入其中。材料编码复审表具体如表 4.2 所示。

表 4.2　材料编码复审表

教学内容		学习材料的作用					
		情境	事实	示范	过程	设疑	总结
具体目标	学习材料						

材料编码复审表中首先要填写教学的具体目标,对于一节课的时间而言,教学目标最好不要超过三个,否则基本完不成;然后列举出对应该目标教师所选择的学习材料;最后根据所选材料的作用进行归纳,归纳之后重新审视所选材料的作用是否合适,某一作用材料是否重复或过多,以避免过多堆砌学习材料,导致教学重点不突出。以本节课课标为例,"经线和纬线"材料编码复审表具体如表 4.3 所示。

表 4.3　"经线和纬线"材料编码复审表

教学内容		学习材料的作用					
		情境	事实	示范	过程	设疑	总结
观察地球仪,并用简单材料制作地球仪模型	乒乓球、铁丝、橡皮泥、地球仪			√	√		
通过在地球仪上动手绘制与游戏,对比区分经纬线并归纳相应特点,掌握经纬度的变化规律,学会判读经度和纬度,知道南北半球与东西半球的划分	图:经线和经度图;纬线和纬度图;南北半球划分图;东西半球划分图;经纬网图				√	√	√
	视频资料:经线和纬线微课				√		
用经纬度描述某一地理事物或现象所在地的位置	图文资料:近期国内外重大事件新闻	√	√				√

通过复审发现,不同作用的学习材料分布较均匀,无重复或堆砌现象,因此无须增减。

(四)编码材料反馈

材料编码是否正确需要教师课后进行反馈,通过对自己授课的情况结合学生听课情况反思前期材料的编码是否正确,还有哪些具体的问题需要解决。材料编码反馈表具体如表 4.4 所示。

表 4.4 材料编码反馈表

项目	等级评分	得分	备注
核心环节用时是否合理	20 15 10 5		
主要材料是否体现核心概念	20 15 10 5		
材料与目标的关联度	20 15 10 5		
学生使用材料情况(包含学习新概念和新规律、探究活动、合作活动中学生对材料使用情况)	40 35 30 25 20 15 10		

材料编码反馈表中包含用时、材料和核心概念的关联度、材料与目标的关联度、学生使用情况四个部分,以等级评分的方式进行评分。前三个部分每一部分满分 20 分,分为四个等级,每个等级相差 5 分;最后一部分满分 40 分,分为七个等级,每个等级同样相差 5 分。如果最后得分在 80 分及以上,则证明所编码的材料能够有效促进学生发展;如果最后得分在 79~60,则证明所编码的材料能够完成基本的教学任务;低于 60 分则表明所编码的材料不能够使学生产生意义学习,需要重新选择。

二、不同空间尺度的区域

(一)大洲

本书大洲尺度的案例是以南极洲为例。南极洲涉及的课标主要有三条:第一条是“运用地图和相关资料,描述某大洲的地理位置,并依据大洲地理位置特点,判断大洲所处热量带和降水的空间分布概况”;第二条是“运用地图和相关资料,简要归纳某大洲的地形、气候、人口等地理特征”;第三条是“根据南极地区自然环境的特殊性,说明开展极地科学考察和保护极地环境的重要性”。

1. 必需材料编码

课标要求学生运用地图和相关资料,首先描述南极洲的地理位置,根据其纬度位置和海陆位置判断其所处热量带和降水的空间分布概况;然后归纳南极洲特殊的自然环境,并根据其自然环境举例说明极地科学考察和保护极地环境的重要性。因此,我们可以根据“必需材料来源——解决问题二维矩阵表”来确定,见表 4.5。

表 4.5 南极洲必需材料来源——解决问题二维矩阵表

材料来源			解决问题	必需材料
教材	图	南极地区图	读图描述南极洲的地理位置	南极地区图;南极洲自然环境、极地科学考察和极地环境的图文材料
		南北极地区气温对比图	读图归纳南极洲特殊的自然环境	
	阅读材料	"南极地区的大风"阅读材料	归纳南极洲特殊的自然环境	
		"南极地区的企鹅"图文材料		
		"我国极地科学考察站"阅读材料	说明极地科学考察的重要性	
		"南极科学考察示意"图文材料		
		"穿越南极"阅读材料		
		"日本捕猎鲸"阅读材料	说明保护极地环境的重要性	
		"爱护地球上最后一片净土"阅读材料		
	活动	讨论我国对极地地区科学考察的意义	说明极地科学考察的重要性	
		演讲:保护环境,人人有责	说明极地科学考察的重要性	
补充材料		虽然教材中已给出有关南极洲自然环境、极地科学考察和极地环境的图文材料,但都不属于必需材料,教师可以根据南极洲自然环境、科考、环境问题的最新数据来选择教学材料		

根据课标要求,本节课教学首先必需要用的材料是南极地区地图。教师引导学生阅读地图来描述南极洲的地理位置,从而根据其纬度位置和海陆位置判断其所处热量带和降水的空间分布概况。南极洲自然环境、极地科学考察和极地环境的图文材料虽是必需材料,但教材给出的此类材料却属于非必需的。现在南极洲的自然环境、科考建站、环境问题可能与教材出版时数据有些差异,因此,教师可根据最新数据来进行教学。

2. 非必需材料编码

非必需材料是教师根据学生的学情和自己的个人风格而增添的材料,目的是为了引起学生的兴趣,帮助学生更好地学习。南极洲自然环境、极地科学考察和极地环境的图文材料虽是必需材料,但是具体选择哪些材料及材料的呈现形式则属于非必需材料编码,可根据实际教学情况对材料进行选择和编码。

3. 审视编码材料

以学习材料的作用为依据,对必需材料和非必需材料进行编码,完成之后对已经编码的材料进行审视,利用材料编码复审表审视所用材料的实效性。以本节课课标为例,南极洲材料编码复审表具体如表 4.6 所示。

表 4.6 南极洲材料编码复审表

教学内容		学习材料的作用					
		情境	事实	示范	过程	设疑	总结
运用地图和相关资料,描述南极洲的地理位置,根据其纬度位置和海陆位置判断其所处热量带和降水的空间分布概况	图:南极地区图、方位投影图、极地气温降水图		√		√		√
	图文资料:极地地区自然环境、自然资源图文材料		√			√	
	视频材料:《帝企鹅日记》	√					

教学内容		学习材料的作用					
		情境	事实	示范	过程	设疑	总结
运用图文资料,归纳南极洲的自然环境;根据其自然环境的特殊性,探究开展极地科学考察的意义,感受科学家热爱科学、不畏艰险、勇于探索的精神	图:矿产资源分布图		✓			✓	
	图文资料:冰芯的作用简介、秦大河对话资料、中国科考站建站资料		✓	✓			
	视频材料:我国科考站建站新闻	✓				✓	
通过对南极地区环境问题的了解,引导学生理解保护极地环境的重要性,增强学生的环境保护意识、全球意识和可持续发展的观念	图文资料:南极地区环境问题材料、国际条约资料		✓		✓		✓

通过复审发现,事实类材料较多,需重新审视此类材料,有无减少的必要。

编码材料的最后一步是反馈,通过反馈来反思自己前期材料编码情况,为下一次的意义教学积累经验。

(二)地区

本书地区尺度的案例是以中东地区为例。中东地区涉及的课标主要有三条:第一条是"运用地图和相关资料,描述某地区的地理位置,简要归纳自然地理特征,说明该特征对当地人们生产生活的影响";第二条是"以某地区的一种自然资源为例,说出该资源在当地的分布状况、对外输出地区以及对当地乃至世界的重要意义";第三条是"运用反映人种、语言、宗教、习俗等内容的图文资料,描述世界文化的丰富多彩,树立尊重世界文化多样性的意识"。

1. 必需材料编码

要完成中东地区课标需要两个课时,本书以第一课时为例。课标强调运用地图、图表和其他资料解决问题。因此,中东地区的位置需要利用世界地图和中东政区图,从地图中获取该地区的空间位置、范围、主要国家等信息,并能说出中东地理位置的特点——"三洲五海之地",了解苏伊士运河、土耳其海峡等一些国际通道的全球战略意义。除此之外,中东地区的气候同当地的纬度位置、海陆位置和地形有着深刻的联系,从而对与之密切联系的农业生产以及生活方式等产生了重要影响。中东地区丰富的石油资源使其成为当今世界关注的焦点,如何体现它对世界经济发展影响较大,需要借助中东地区的石油资源分布图,教师应适当补充和更新图表、数据资料等。我们可以根据"必需材料来源——解决问题二维矩阵表"来确定,见表4.7。

表 4.7　中东地区(第一课时)必需材料来源——解决问题二维矩阵表

材料来源			解决问题	必需材料
教材	图	中东在世界的位置图	读图描述中东的地理位置	中东的地形图;中东的石油产区图;中东石油储量、产量和出口量的图文材料
		中东的地形图		
		中东的石油产区图	石油资源在中东地区的分布状况、对外输出地区以及石油对当地乃至世界的重要意义	
		中东石油储量、产量和出口量占世界的百分比图		
		波斯湾石油外运航线图		

续表

材料来源		解决问题	必需材料
活动	读图认识中东石油在世界经济发展中的重要性		
	认识中东地理位置的重要性	理解其地理位置的重要性	
阅读材料	"战争不断的中东"阅读材料	作为分析战争不断原因的情境材料	
补充材料		补充和更新中东石油储量、产量和出口量等数据资料	

根据课标要求,本节课教学首先必需要用的材料是中东的地形图和中东的石油产区图。教师引导学生阅读地图来描述中东地区的地理位置,说出石油在当地的分布状况。中东石油储量、产量和出口量等材料虽是必需材料,但教材给出的此类材料却属于非必需的。因为教材中所呈现的数据并不是最新的,因此,教师可根据最新数据来进行教学。

2. 非必需材料编码

中东石油储量、产量和出口量等材料虽是必需材料,但是具体选择哪个材料及材料的呈现形式则属于非必需材料编码,教师根据学生的学情和自己的个人风格设计能够帮助学生进行意义学习的活动即可。

3. 审视编码材料

以学习材料的作用为依据,对必需材料和非必需材料进行编码,完成之后对已经编码的材料进行审视,利用材料编码复审表审视所用材料的实效性。以本节课课标为例,中东地区材料编码复审表具体如表 4.8 所示。

表 4.8　中东地区材料编码复审表

教学内容		学习材料的作用					
		情境	事实	示范	过程	设疑	总结
读图说出中东地区的范围和位置以及重要的邻海、海峡、运河,评析本区地理位置,从区域认知的视角认知其重要性	图:世界地图、中东地形图		√		√		√
	图文资料:中东历史战争的新闻资料、丝绸之路——习近平出访中东牵手"一带一路",新苏伊士运河开通新闻资料、瓦良格号的故事	√				√	
	视频材料:公益 MV《心跳》	√					
运用地图、统计数字说出中东石油的分布、生产和输出情况,能理解中东石油对本地区经济及世界经济的重要影响,综合分析其争端不断的原因	图:中东的石油产区图,中东石油储量、产量和出口量占世界的百分比,世界原油消费量与产量分布示意图,中东石油外运三条主要航线图		√		√	√	√
	图文资料:国际能源署警告新闻	√					
通过对中东地区石油资源分析,树立正确的资源观。理解战争的残酷,呼吁世界和平,明确各国和各民族之间应该互相尊重、和平共处。明确人地协调的重要性	图文资料:中东将面临石油枯竭新闻		√		√		√
	视频材料:阿拉伯儿童歌曲《给我们童年,给我们和平》	√					

通过复审发现,示范类材料缺失,须重新审视此类材料,有无增加的必要。

M-ACK 意义教学编码材料的有效性需要通过完成材料编码反馈表来反思自己前期材料编码情况,通过他人和自我反馈发现问题完善教学。

(三)国家

本书国家尺度的案例是以巴西为例。巴西涉及的课标主要有三条:第一条是"运用地图和相关资料,说出某国家人文地理主要特点及其与自然地理环境的联系";第二条是"运用地图和相关资料,联系某国家自然地理环境特点,结合实例简要分析该国因地制宜发展经济的途径";第三条是"运用地图和相关资料,简要分析某国家在资源开发、环境保护方面的经验和教训"。

1. 必需材料编码

要完成本节内容课标需要两个课时,本书以第二课时为例,对应的课标为"运用地图和相关资料,简要分析某国家在资源开发、环境保护方面的经验和教训"。课标强调运用地图、图表和其他资料解决问题。巴西热带雨林需要利用热带雨林分布图获取该地区热带雨林的空间位置、范围等信息,利用图表、数据等资料了解其环境和经济效益及其在开发过程中出现的问题和采取的保护措施。因此,我们可以根据"必需材料来源——解决问题二维矩阵表"来确定,见表 4.9。

表 4.9 巴西(第二课时)必需材料来源——解决问题二维矩阵表

材料来源			解决问题	必需材料
教材	图	巴西地形图	巴西热带雨林的分布	巴西地形图;热带雨林效益、开发现状、保护措施的图文材料
		亚马孙热带雨林的环境效益和经济效益示意图	热带雨林的作用	
	阅读材料	"亚马孙热带雨林的开发"图文材料	巴西在开发、保护热带雨林方面的经验和教训	
		"巴西热带雨林的保护措施"阅读材料		
	活动	讨论雨林应该开发还是保护		
补充材料		有关巴西热带雨林开发和保护的近期图表和数据		

根据课标要求,本节课教学首先必需要用的材料是巴西地形图。教师引导学生阅读地图来描述巴西的地理位置,说出热带雨林在当地的分布状况。有关巴西热带雨林开发和保护的图表和数据等材料虽是必需材料,但教材给出的此类材料却属于非必需材料。除此之外,如果教师采用对比法进行教学,也可以选择其他热带雨林区域的相关材料作为教学材料,这部分材料也属于非必需材料,都是根据教师自己的教学来选择的。

2. 非必需材料编码

有关巴西热带雨林开发和保护的图表和数据等材料虽是必需材料,但是具体选择哪个材料及材料的呈现形式则属于非必需材料编码,教师根据学生的学情和自己的个人风格设计能够帮助学生进行意义学习的活动。

3. 审视编码材料

以学习材料的作用为依据,对必需材料和非必需材料进行编码,完成之后对已经编码的材料进行审视,利用材料编码复审表审视所用材料的实效性。以本节课课标为例,巴西(第二课时)材料编码复审表具体如表 4.10 所示。

表4.10 巴西(第二课时)材料编码复审表

教学内容		学习材料的作用					
		情境	事实	示范	过程	设疑	总结
运用图文资料,知道热带雨林的环境效益及经济效益;运用已获得的地理基本概念和地理基本原理,通过分析、归纳,了解巴西热带雨林在开发过程中出现的问题及对应的保护措施;引导学生理解保护热带雨林环境的重要性,增强学生的环境保护意识、全球意识和人地协调发展的观念	图:巴西地形图				√		√
	图文材料:巴西农民迁移农业生产方式介绍材料、当地木材收购材料、大豆农场材料		√			√	
	视频材料:《热带雨林》景观和环境介绍短片、《热带雨林》现状新闻	√					√

通过审视发现,示范类学习材料有所缺失,因此需要重新审视所选材料,确定有无增加示范类学习材料的必要。

M-ACK 意义教学编码材料需要经过必需材料、非必需材料的选择,由材料的审视和材料编码反馈几个部分组成,通过这些步骤的实施来确保教学所选材料的有效性,为进行意义教学打下基础。

第五章

M-ACK 意义教学策略匹配及情境构建

认知构建策略是基于奥苏泊尔有意义接受学习理论中的"同化"学习策略而提出的教学策略。美国教育心理学家奥苏泊尔强调概念同化,他认为学习者学习的过程等同于其自身新旧经验之间的同化过程。学习者需要先在自身知识结构中找到与新知识相关联的有关知识,再辨析新旧知识之间的异同点,并通过积极的思维活动,使知识不断系统化。知识在认知重构过程中会形成下位、上位和并列结合关系。认知构建策略是基于新旧知识的这三种关系而提出的相应策略:下位构建、上位构建和并列结合构建。《义务教育地理课程标准(2022版)》指出,要培养学生必备的地理学科核心素养,素养的培养是基于学习者认知的发展。因此,教师要主动寻找学生新旧知识之间的契合点,帮助学生构建自己的知识体系。M-ACK 意义教学中第四个教学结构就是选择策略、匹配策略,其旨在帮助学生构建自己的知识体系,形成自己的综合思维和价值观。学习者接受知识的过程等同于新旧经验在大脑中重新构建的过程。学习者应先在自身知识结构中找到与新知识相关联的有关知识,再找到新旧知识之间的异同点,通过比较分析明确新旧概念之间的异同点,通过积极的思维活动构建系统化的知识。地理知识大致可以分为三类:陈述性知识、程序性知识和方法性知识。结合学生原有经验,M-ACK 意义教学对应不同种类的知识匹配了不同的策略,以此来帮助学生有效学习。

一、地理知识类型

(一)陈述性知识

在地理教学中,涉及定义或位置的地理知识就是陈述性知识。陈述性知识是其他类型知识学习的基础且在初中地理学习中所占比重较大。这类知识主要以命题网络或图示来表征,主要包括地理术语、地理名词、地理数据、地理分布、地理景观等事实性知识。这部分知识是正确运用地理语言、解决地理问题、提高地理技能的关键,也是学生进行终身学习的基础。地理术语指的是地理学的专有名词,按类别又有地球、地图、地形、气候、环境、资源以及人文和经济地理方面的术语。地图部分的名词如经纬线、经纬网、等高线、剖面图、图例、注记等;地形部分如山脉、山峰、山脊、山谷、平原、高原、丘陵和盆地等;人文地理如人口、民族和聚落等。地理术语是地理知识的"基石",规范使用地理术语是地理素养的重要体现。地理名词即地名,在地球表面上占有一定空间位置的地理事物的标记和符号,具有空间性、数量大等特点。地名是非常重要的地理基础知识,几乎所有区域地理知识都和地名紧密地联系在一起,没有地名就无法表述和区分各种地理事物的特征。在记忆地名时应该与地图紧密结合,并与其他地理事物及语义、语源相联系。地理分布是指地理事物在地表的位置。主要包括经纬网的分布、海陆位置的分布、气温和降水的分布、事物间的相对位置等。地理分布类知识在地理教学中占有较大的比重,它对学生认识地域差异及其产生原因有重要意义,学习时要注意与地图紧密结合。地理景观是指反映地理事物景色或外观的知识,包括自然景观(如山地、沙漠、草原等景观)和人文景观(如工业区、农田、城市等景观)。学习这部分知识要注意引导学生对周围地理事物进行观察,学生可通过图片、影视等多媒体进行体验。地理数据是反映具体的地理事物。课程标准中不要求学生记住地理数据,但是要学会利用地理数据学习相关地理知识。地理演变指的是地理事物的发展变化过程,如昼夜更替、四季变化、地壳变动、人口迁移和聚落形成等。有些地理演变过程人们在短时间内是很难察觉到的,例如沧海桑田海陆变迁、气候冷暖变迁等;也有些演变过程能够快速呈现,如火山喷发、地震、城市发展和交通线路延伸等。了解地理事物演变对于学生认识地理事物的特点、规律、成因、形成地理概念等具有重要的作用。学习这部分知识要与地理景观结合起来,按照时空发展顺序,分阶段分过程逐步掌握。

(二)程序性知识

地理程序性知识是指"它意味着什么?""它为什么会这样?"之类的知识,即地理原理性知识。地理程序性知识在地理教学目标中占有很重要的地位,主要包括地理概念、地理特征、地理规律和地理成因等。对反映对象所包含的内在本质属性的思维形式就是概念。它是反映地理事物本质属性和特征的概括性知识,是地理基础知识的重要组成部分。许多地理问题要进行正确的判断、推理、分析、综合等都要以正确的地理概念作为基础,形成正确的地理概念是学习和掌握地理基础知识的中心环节。地理概念可以使用 M-ACK 地理课程教学模式中的"C (Cognitive construction)"——即认知构建的方式来学习。例如,学习区域的概念时,可以先讲解区域的定义,然后列举南方地区、北方地区、西北地区、青藏地区等来例证区域的本质特征,也可以反过来先讲解四大地区的特征,最后通过总结得出区域的概念。地理规则指的是几个地理概念之间的关系,而这种关系是以符号或句子来表述的。对于地理这个学科来说,地理规则包含地理原理(地理事物发生变化、形成及它们之间的关系原理)和地理规律(地理事物内外在的联系)。地理规律主要包括地理分布规律和演变规律,它反映地理事物之间的必然联系及规律,如学习我国降水分布和黄河忧患的演变规律。地理成因是反映地理事物现象的因果联系、揭示地理特征和地理规律形成原因的地理知识,地理事物的形成是各种地理要素相互作用、相互影响的结果(黄莉敏 等,2017)。学习地理成因有助于学生将获得的地理名词、地理分布、地理演变等地理陈述性知识得以升华,使得学生不仅能够知其然,还能知其所以然。地理特征主要反映各种地理事物的异同点,它为认识现象的本质属性。地理特征的学习能够为形成地理概念提供可能。学习地理特征主要采用并列结合构建,将各类地理事象分门别类,进行比较学习。

在教师富于启发的讲解引领之下,可以让这些地理规则、地理原理与 M-ACK 意义教学模式相结合,引导学生有方向地、自觉地去发现并用理解的方式去掌握。实际操作中,原理或规则与应用情境的先后顺序教师可根据实际情况而定,关键点在于注意引导学生构建自己的知识结构——新原理与他们原有经验进行联系,从而产生真正意义上的学习。如学习降水这一课时,教师先讲解迎风坡降水多,背风坡降水少这一规律,再让同学们从生活中去找寻例子来证明这一规律,从而使学生强化对这一原理的理解。可见地理规则是可以与 M-ACK 意义学习相结合的。

(三)方法性知识

方法性知识是指"怎么样学"的知识。它不同于具体运用辨别、概念、规则等解决某些地理问题"如何做"的程序性知识。程序性知识是为了"学会",而方法性知识则是重在"会学"。地理方法性知识是引导学生解决"学会学习",为其终身学习打下基础的重要途径,包括地理感知能力、地理信息能力、地图运用能力、地图判读能力、地理实践能力和地理思维能力等。其中,地理信息能力还包括地理信息的搜集、梳理、甄别、筛选、评价、鉴赏、贮藏、检索、应用、发布和交流等环节的能力,涵盖着丰富的信息知识与信息素养;地理思维能力具体包括归纳、抽象、推理、联想、分析、综合等能力和涉及思维科学的相关知识。

二、M-ACK 意义教学策略

(一)下位构建策略

当新观念比学习者已有认知结构中与之相关的观念所含范围和概括水平低时,这就使这种新旧知识构成一种类属学习——下位构建。下位构建包含两种形式——派生下位构建和相关下位构建,这两种构建形式分别是由派生类属过程和相关类属过程形成的。例如,学习者掌握了地形的概念之后,再学习高原、平原、山地、盆地、丘陵的概念时便使得原有的概念得到进一步验证,使得学习者自身的概念得到扩展,这就是一种派生下位构建。又如,当学生掌握了南水北调是我国解决水资源空间分布不均的有效措施之后,再学习俄罗斯通过管道向中国输送天然气这种跨国调配工程时,就会使得学生原有的资源跨区域调配工程的命题得到扩展和深化,这就是一种相关下位构建。

(二)上位构建策略

当学习者的认知结构中已经形成了几个概念,现在新的学习要在几个原有知识的基础上学习水平更高的知识时,便使新旧知识之间产生上位关系。例如,学生学习了"热带季风气候""亚热带季风气候""温带季风气候"的特点之后,再学习季风气候的特点;学生在比较学习了亚洲与北美洲的地理差异之后,再来掌握有关区域差异的比较方法。当新内容所含范围和总括程度比原有经验高,新内容通过把一系列已有观念包含于其下而获得意义,这就属于上位构建或总括构建。

(三)并列结合构建策略

当学习者新旧经验之间既不存在上位关系,也不构成下位关系,但是两者之间有相似性、可比性,我们可以将这种学习称为并列结合构建。例如,学习等深线、等高线和等温线之间的相似性,纬度与气温之间的关系,地形与降水之间的关系等,它们之间只是存在某些相似的关键特征,但不能形成上位关系或下位关系,而是具有并列结合关系,这就属于并列结合构建。

(四)先行组织者策略

学习是否有意义首先得看学习者是否有相关的学习经验,先行组织者的作用就是给学生提供相应的学习经验,为后面的学习搭建台阶,实现相应的教学目标。因此,先行组织者必须遵循以下原则:第一,要实现某既定目标就要给学生具备这种经验的机会;第二,要使学生在完成目标所隐含的相关行为时获得满足感;第三,先行组织者想要引起的反应必须是在学生力所能及的范围之内,同时学生的反应也必须在教师可控的范围内;第四,有许多特定的经验都可以来实现同样的教育目标;第五,同样的学习经验可能会产生多种结果,教师要事先做出预判。先行组织者策略主要起引导作用,通常其呈现形式为与新知识相关的导向性材料,它是先于学习任务本身呈现的一种引导性材料且综合性高于学习任务并与学习者原有的知识相联系。它能帮助学习者进行学习的迁移,主要是因为它能为学习者提供其新旧经验之间的连接点。先行组织者可以用于扩展学习内容,帮助学习者找到自己知识结构当中的关联点,也可以用于比较学习,帮助学习者辨别新旧概念。先行组织者虽然名为先行,其实它的呈现顺序可根据实际情况而定,既可以在学习内容之前呈现,目的是为新的学习提供适当的类属;也可在学习内容之后呈现,目的是帮助学习者辨别新旧概念,重组其认知结构。在 M-ACK 意义教学中先行组织者策略分为学生部分和教师部分,两者相辅相成。图 5.1 为先行组织者选择原则图。

图 5.1　先行组织者选择原则

根据地理学科的特点,先行组织者在初中地理教学中可以有多种形式,如表 5.1 所示。

表 5.1　先行组织者呈现形式

先行组织者	特点	举例
文字材料	介绍地理规律、原理的探索过程;地理新闻、地理史等	介绍人类探索地球的故事;介绍亚洲地理之最等
图像	需要学生直观感受的,包括地图、地理示意图、景观图、统计图、地理漫画等	各个国家和地区的行政图、地形图、气候图等
视频	难以用言语阐明的某些地理事项;生动形象易于引起学生注意,激发认知内驱力	地球运动解说;巴西热带雨林现状;各地区的风土人情等
歌曲	含有地理知识且和题意相适应的歌曲,从歌曲引出所学知识	《好汉歌》中的"大河向东流"来预示我国的地势情况

先行组织者	特点	举例
典故或诗词	典故、诗歌中很多都含有地理知识,巧妙利用学生在语文课中学习到的古诗词,可以引发意义学习的心向	苏轼的"高处不胜寒"预示着海拔对气温的影响

三、不同种类知识策略匹配

M-ACK 意义教学对应不同种类的地理知识采取的策略有所不同。具体采用哪种策略需要结合学生原有知识和新知识之间的关系来判断。

(一)陈述性知识认知构建策略

地理陈述性知识主要是回答"它在哪里?""它是什么样子的?"涉及定义或位置的地理知识。陈述性知识主要包括地理术语、地理名词、地理数据、地理分布、地理景观等事实性知识。地理陈述性知识是一种非动态的,激活速度较慢的事实性知识。它的激活是以学习者原有经验再现的方式呈现的。地理陈述性知识的运用是一个有意的过程,需要学习者对其原有经验进行再认或再现。为了帮助学习者能够顺利提取原有经验,在教学中需要首先引起学生的共鸣,然后提供图像和事实逐步搭建台阶进行学习和巩固,最后通过个体分析提取出所要学习的陈述性知识。学习者在运用该知识时,通过某一个信息就能快速对相关知识进行再认或再现。因此,这类知识可以采用 ARSIE 法进行教学,ARSIE 法分为先行组织者、呈现图像、具体事实、个体译码和提取信息五个步骤。具体流程如图 5.2 所示。

图 5.2　陈述性知识认知构建策略流程图

在使用 ARSIE 法学习陈述性知识时必须要以学生为本,充分考虑学生的实际情况,考虑到学生知识储备和学习力的差异,要将先行组织者建立在学生的兴趣点上。本书将从地理要素和不同空间尺度的区域两个方面来详细说明。陈述性知识认知构建策略案例如下。

1. 地理要素

本书地理要素的陈述性知识认知构建策略是以"使用数据、类比等方式描述地球的大小"课标为例的。解读本条课标,我们会发现课标要求学生能够使用数据,通过类比等多种方式来描述地球的大小。课标要求学生不仅要知道有关地球大小的数据,还要通过与身边熟悉的事物进行类比等方式来感知地球实际的大小,这些知识都属于地理陈述性知识,因此,可以匹配 M-ACK 教学中的 ARSIE 法进行学习。基于此,"使用数据、类比等方式描述地球的大小"课标教学策略见图 5.3。

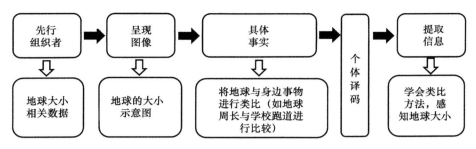

图 5.3　"使用数据、类比等方式描述地球的大小"课标教学策略图

2. 不同空间尺度的区域

(1)大洲——以"运用地图和相关资料,描述某大洲/国家/地区的地理位置"课标为例

解读本条课标,我们会发现课标要求学生能够运用资料,包括地图和文字材料说出某大洲/国家/地区的地理位置。一个大洲/国家/地区的地理位置可以从海陆位置和经纬度位置等方面加以描述。在本条课标的学习中学生主要掌握的知识有某大洲/国家/地区的地理位置和范围、景观等,这些知识都属于地理陈述性知识,因此可以匹配 M-ACK 教学中的 ARSIE 法进行学习。需要注意的是,海陆位置是通过相邻关系来描述的,需要明确方向才能准确描述区域间的相对位置,因此要选择参照物进行描述。基于此,"运用地图和相关资料,描述某大洲/国家/地区的地理位置"课标教学策略见图 5.4。

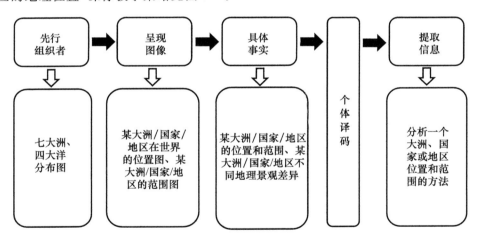

图 5.4　"运用地图和相关资料,描述某大洲/国家/地区的地理位置"课标教学策略图

使用该策略学习陈述性知识时必须要以学生为本,充分考虑学生的实际情况,考虑到学生知识储备和学习力的差异,要将先行组织者建立在学生的原有知识储备上。

(2)地区——以"运用地图和相关资料,说明北京的自然环境特点、历史文化传统和城市建设成就,认识首都职能"为例

北京是我国首都,是每一个中国公民都应该详细了解的区域。教材从首都北京、古城北京、现代北京三个方面来讲述北京的城市职能、历史文化传统和现代化建设。北京的自然地理条件作为北京发展的基础,也是必不可少的内容。本节人教版(2013 年)教材共设三个框,分别为"政治文化中心""历史悠久的古城"和"现代化的大都市"。在"政治文化中心"标题下,教材讲述北京的城市职能(政治中心、文化中心、国际交往中心),而作为北京发展基础的自然地

理条件分析被设计成了一个"活动"——分析北京成为古都的自然条件及城址变迁。在"历史悠久的古城"标题下,教材述说北京的悠久历史以及悠久历史所留下的名胜古迹与文化传统。在"现代化的大都市"标题下,教材讲述北京的城市功能区、现代化的交通网络、历史文化的保护与环境质量的改善。

通过对课程标准进行解读,发现对《北京》一课有以下具体要求:了解北京的位置、面积等及自然环境特征,并能对北京的位置做出简要评价;要求学生能够根据地图说出北京自然地理特点、历史文化传统和城市职能,举例说明其城市建设成就。新课标中新增"认识首都职能"这一条,旨在加强首都重要性的学习。

学生前一阶段的学习中掌握了我国四大地理区域名称、分界线及其主导因素和北方地区的自然特征;在七年级学习了分析气温和降水的方法、地形的种类和各类地形的特征。部分同学通过研学活动或旅游活动去过北京,对北京的自然景观和人文景观有所了解。在本节的学习中学生主要掌握的知识是北京的地理位置、历史文化传统和城市职能,这些知识都属于地理陈述性知识,因此可以匹配 M-ACK 教学中的 ARSIE 法进行学习。图 5.5 为"运用地图和相关资料,说明北京的自然环境特点、历史文化传统和城市建设成就,认识首都职能"教学策略图。

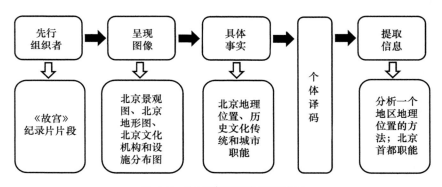

图 5.5 "北京"课标教学策略图

(二)程序性知识认知构建策略

程序性知识是一种动态的、激活速度较快的原理性知识,它的激活是基于学习者面对新信息进行的变形和操作。程序性知识的学习是一种自动将信息进行变形的活动。面对新信息,学习者会先将其转化为问题,再将问题转译成命题,然后思考是否有相关的解决经验,从而形成新的命题。如果有,学习者就可以直接借鉴有关经验来进行。如果没有,学习者就需要重新构建相关经验。

初中生对于直观性较强的、新奇的、有趣的事物比较感兴趣,而分析某地理事物或现象特征、成因等经验较少。因此,在学习程序性知识时应该注意以下几点。首先,教师需要明确分发给学生的任务难易程度,任务是否符合学生的实际情况。其次,教师需要提供示范,教给学生正确的步骤才能加深学生对程序性知识的理解。再次,在教学中需要加强有效的练习。有效练习的关键在于精选合适的练习内容和方法,结合学生练习的实际情况给予及时的反馈,通过反馈强化学习的效果。最后,在整个练习过程中要保持良好的心理状态,控制难度和完成时间,避免学生产生厌烦心理。对于程序性知识的学习主要有两种方法:第一种是 DDC 法,主要用于地理概念的学习,包括界定概念、厘清结构和辨析概念三个步骤;第二种是 RRFCF 法,主要用于地理特征、地理规则和地理成因的学习,包括呈现图像、表征概括、并列结合、实例证明和预测发展五个步骤。

1. DDC 法

DDC 法有三个步骤:界定概念、厘清结构和辨析概念。对于概念的界定我们可以使用认知构建策略进行学习。本书是以"结合地形观察,说出等高线地形图表示地形的方法"为例进行解说。

(1)界定概念

界定概念包含内、外两个方面,"内"指的是本质特征,强调事物的固有属性;而"外"则指的是与之相关的其他但不是特有的性状。因此,概念的界定分为两步,首先是为某个确切的概念下定义,其次是确定该概念的定义范围。在本节学习中,学生需要掌握的概念有海拔、相对高度和等高线,见图 5.6。

图 5.6　"结合地形观察,说出等高线地形图表示地形的方法"界定概念

(2)厘清结构

厘清结构的目的是为了让学生理解地理概念中的关键点,帮助其找到其新旧知识之间的连接点,便于其将新知识纳入已有的知识结构当中。本节内容需要厘清的是海拔、相对高度和等高线之间的关系,见图 5.7。

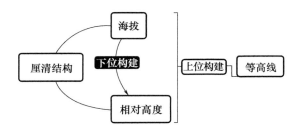

图 5.7　"结合地形观察,说出等高线地形图表示地形
的方法"厘清结构

(3)辨析概念

地理程序性知识中地理概念占了很大的比重,因此,除了界定概念、厘清结构之外,我们还要对概念进行详细的辨析。本节内容需要辨析的概念是等高线和等深线之间的异同点,见图 5.8。

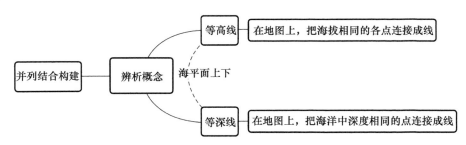

图 5.8　"结合地形观察,说出等高线地形图表示地形的方法"辨析概念

2. RRFCF 法

(1)地理特征认知构建策略

地理特征主要反映各种地理事物的异同点,它是认识现象的本质属性。地理特征的学习能够为形成地理概念提供可能。地理特征包括的内容比较多,主要分为自然地理和人文地理,自然地理主要有气候、日照时间、无霜期、地形、土壤等;人文地理主要有人口、交通、经济、国家政策等。地理特征认知构建策略选取"运用地图和相关资料,说明香港、澳门的自然地理、历史文化传统和经济建设特点,以及港澳与内地经济发展的相互促进作用,增强区域联系的意识"课标进行说明。

香港、澳门回归之后发展迅猛,并与祖国内地特别是珠三角地区联系密切。港澳是我国的南大门,地处珠江入海口附近,靠近国际主航道,海运位置非常重要。港澳是两个以人口密度大而著称于世的城市,人口密度大对于经济的发展有较为积极的促进作用,也给城市环境带来了巨大的压力,港澳解决人口与环境之间矛盾的方法值得借鉴。一直以来,港澳与祖国内地在众多领域有着密切的联系,在祖国内地的大力支持下,港澳的发展更加迅速;同时港澳有"桥头堡"作用,缩短了祖国内地与世界各地的距离。

基于这个思路人教版(2013 年)教材设计了"特别行政区"和"港澳与祖国内地的密切联系"两个板块。"特别行政区"主要介绍了港澳的回归、区旗以及位置、范围和人口等内容。通过学习,学生能够把握港澳的基本地理状况。再通过案例分析说明港澳是如何解决人地矛盾的。"粤港与祖国内地的密切联系"主要通过提供"前店后厂"和"粤港合作新模式"两个案例说明祖国内地和港澳之间的经济联系。

通过解读课标我们可以确定本节的学习目标为运用地形图,说出香港和澳门的位置、范围等概况以及深刻了解"一国两制"政策的含义,通过香港和澳门的"身世"和"一国两制"政策的讲述,对学生进行爱国主义教育和国情国策教育;结合图文资料,说出香港和澳门的人口密度、经济特点等人文地理特征,初步形成人地协调与可持续发展的观念;运用相关资料,了解港澳地区的发展状况及与内地的密切联系。本节的地理特征分为自然地理和人文地理,自然地理主要有香港和澳门的位置、气候、地形;人文地理主要有香港和澳门的人口密度、经济特点及"一国两制"政策的含义。本课标的地理特征教学策略如图 5.9所示。

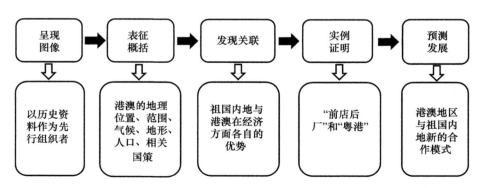

图 5.9　地理特征认知构建策略——以"香港和澳门"课标为例

（2）地理规则策略匹配

地理规则主要反映的是地理事物或现象（以下简称事象）的一般关系。对于初中生来说，我们需要掌握的地理规则大致分为四类：有关地理事象空间分布的规则，主要指地理分布规则；有关地理事象发展变化过程的规则，如地理循环过程、演变过程等的规律；有关地理事象相互联系的规则，包括地理因果联系、地理要素之间的相互联系与相互制约关系的原理、规律等；地理原理方面的规则，如工业布局原理、水平衡原理等。地理规则策略匹配选取"结合实例，说明海洋和陆地处于不断的运动变化之中；说出板块构造学说的基本观点，并解释世界火山、地震带的分布与板块运动的关系"课标进行说明。该课标的地理规则包括海陆变迁的过程，海陆分布的演变过程，世界著名山系及火山、地震的分布规则。

本课标以海陆的变迁为主题，对海陆轮廓是怎样形成的、七大洲和四大洋的分布是不是固定不变的展开探讨，着重阐明了大陆漂移说和板块运动学说的一些基本观点。教学内容有两个显著的特点：一是在教学内容中贯穿科学史教育及科学精神的培养；二是强调以求证和探索思路来组织教学内容。为了达成这一节的学习目标，教师应该从现象和实例入手，按照求证和探究的思路步步深入，层层展开。

本节课程标准包含两个：①举例说明地球表面海洋和陆地处在不断的运动和变化之中；②知道板块构造学说的基本观点，说出世界著名山系及火山、地震带的分布与板块运动的关系。首先，只有学生明确了各种海陆变化现象产生的根本原因，才能灵活"举例说明地球表面海洋和陆地处在不断的运动和变化之中"。也就是说，举例说明是学习成果的展现，而理解海陆变迁的原因才是关键。其次，因为海陆变化的原因包括地壳的变动（海陆变迁最主要的原因）、海平面的升降和人类的活动等方面，所以，举例说明也要关注这几个角度。"知道板块构造学说的基本观点"中的学说基本观点可以简单概括为：地球的岩石圈是由板块拼合而成；全球分为六大板块；板块在不断运动着；一般来说，板块内部的地壳比较稳定，板块与板块之间的交界处，地壳比较活跃。板块构造学说是目前被普遍认可的地壳变动的重要理论依据，学生应该达到逐条说出的程度，这个"说出"不是要求死记硬背，只要学生能用自己的语言说对即可。对于"说出世界著名山系及火山、地震带的分布与板块运动的关系"，表面上看是要学生知道世界上的火山、地震集中分布在板块交界处，实际上是需要学生理解火山、地震发生的基本原理。基于这种理解，模拟演示就不能仅仅"模拟海底扩张、大陆漂移"，还应该模拟演示火山、地震的发生过程。

通过分析课标我们可以确定本节的学习目标：①通过读图观察活动，举例说明地球表面海陆的变迁并归纳总结出地壳的变动、海平面的升降是引起海陆变迁的主要原因，树立海陆不断变化的辩证唯物主义科学观点；②运用资料，了解大陆漂移说和板块构造学说的基本观点；③通过实验演示，探究发现板块运动的方式和产生的地形，说出世界著名山系及火山、地震带的分布与板块运动的关系。通过地震、火山相关内容的学习，培养防灾减灾的观点和自我保护的意识。

鉴于此，"结合实例，说明海洋和陆地处于不断的运动变化之中；说出板块构造学说的基本观点，并解释世界火山、地震带的分布与板块运动的关系"课标的地理规则教学策略如图 5.10 所示。

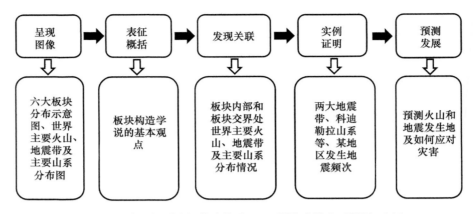

图 5.10　地理规则认知构建策略——以"海陆的变迁"课标为例

（3）地理成因策略匹配

本书的地理成因策略匹配是以"运用地图和相关资料，联系某国家的自然地理环境特点，结合实例简要分析该国因地制宜发展经济的途径"课标为例进行讲解，选取"澳大利亚被称为'骑在羊背上'国家的原因"作为探究问题。澳大利亚超过半数的国土为天然草场覆盖，尽管广大的中西部地区气候干旱，地表水缺乏，但地下水资源丰富，这为牲畜饮水和牧草灌溉提供了良好的水源。由于地形、气候的不同，澳大利亚形成了不同的牧羊带。基于此，本课标的地理成因教学策略如图 5.11 所示。

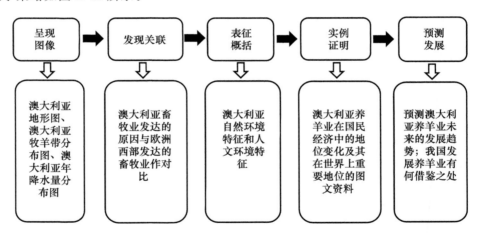

图 5.11　地理成因认知构建策略——以"澳大利亚被称为'骑在羊背上'国家的原因"为例

（三）方法性知识认知构建策略

地理方法性知识是基于地理陈述性和程序性知识的学习而形成的内在能力。因此，可以基于教材内容设计课题，考察和培养学生综合运用知识的能力。鉴于此，方法性知识策略匹配法（即 DIDBPE 法）分为示范问题分析方法、确定课题、分解课题、搭建框架、释义问题逻辑关系和评价结果六个步骤。

1. 地理信息能力

本书地理信息能力培养的案例是以课标"运用地图，描述中国的地理位置与疆域特征，说明南海诸岛是中国领土的组成部分，钓鱼岛及其附属岛屿是中国固有领土，增强国家版图意识与海洋权益意识"为例,本课标会采取多种策略进行教学。

认识我国的地理位置和范围是认识我国自然地理环境特征、结构、区域差异和联系,理解人类活动和自然环境之间有何相互作用和影响的前提,也是认识我国基本国情的前提。本节对应的地理信息能力是要求学生能够通过分析地图掌握我国纬度位置和海陆位置的特点,学会运用地球仪或东、西两半球地图说出我国的位置,分析我国的地理位置及其优越性,总结我国的位置特点,通过认识我国辽阔的领土和优越的位置,激发学生的爱国之情、兴国之志,增强国家版图意识与海洋权益意识,培养捍卫国家领土完整的责任感。此课标地理信息能力的培养是通过搜集我国疆域的相关图文资料、运用地图分析我国纬度位置和海陆位置的特点、评价我国地理位置的优越性、鉴赏我国不同区域的景观、应用所学知识评价其他国家、交流等环节来实现的,如图 5.12 所示。

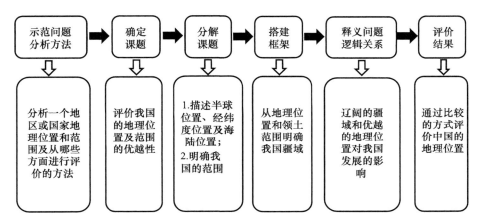

图 5.12　地理信息能力培养匹配策略——以"疆域"课标为例

2. 地图判读和运用能力

地图是地理的第二语言,通过掌握地图知识和地图技能使学生拥有较好的地图运用能力,充分发挥自己的主观能动性,在地理实践活动中运用地图自主获取相关知识是进行有效地理教学的关键。学生除了要具有地图阅读的能力之外,还应该具有地图判读和运用的能力。本书地图判读和运用能力培养的案例是以课标"根据需要选择适用的地图,查找所需要的地理信息,养成使用地图的习惯"为例,主要采取 DIDBPE 法进行教学。

针对本课标,地图阅读能力的培养是掌握地图三要素,并根据需要选择内容适宜、详略得当的地图,对照图例和注记查找所需要的地理信息,在日常学习和生活中使用地图,具体如图 5.13所示。

3. 地理实践能力

《义务教育地理课程标准(2022 版)》中提到地理实践能力,指出地理实践能力指的是人们在考察、实验和调查等地理实践活动中所具备的意志品质和行动能力。考察、实验、调查等是地理学重要的研究方法,也是地理课程重要的学习方式。地理实践能力的培养有助于提升人们的行动意识和行动能力,更好地在真实情境中观察和感悟地理环境及其与人类活动的关系,增强社会责任感。实践力是以实践活动为载体,解决实际问题的综合性能力。它不是从书本上直接获得的,而是从生产生活的经验和活动中累积学习得来的。地理实践能力包括内在品质和外在体现两个方面的培养。外在体现通过实践活动培养出来的解决问题的能力,如地理观测观察能力、地理调查能力、地理实验能力和地理教具模型动手制作能力。内在品质是一种意识,是地理学中进行思政教育的关键。

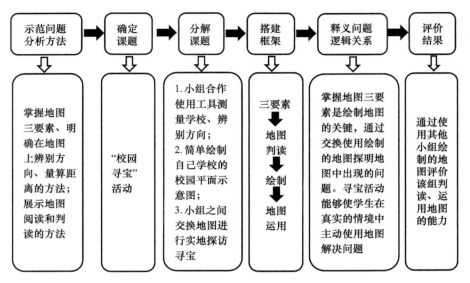

图 5.13　方法性知识认知构建策略——以"地图"课标为例

习近平总书记在《思政课是落实立德树人根本任务的关键课程》中强调基础教育是立德树人的事业,要旗帜鲜明地加强思想政治教育、品德教育;要注意挖掘其他课程和教学方式中蕴含的思想政治教育资源,实现全员全程全方位育人。地理是一门科学性很强的综合性学科,教师要深度挖掘教材中的思政教育素材,开发利用校内外课程资源,培养学生的地理实践能力。

(1)初中地理教材中蕴含丰富的思政教育素材

初中地理教材中含有丰富的思政教育素材,通过分析我们可以将素材分为六大类,分别是国情教育素材、辩证唯物主义方法教育素材、责任教育素材、国际理解教育素材、可持续发展教育素材和爱国主义教育素材。具体分类情况如表 5.2 所示。

表 5.2　初中地理教材中思政教育素材归纳表

素材类型	实例
国情教育 (人地关系为主线)	国家最基本情况,分为自然和人文方面。 自然方面:地理位置、地形地势、气候、河流、自然灾害、自然资源等; 人文方面:人口、民族、交通、农业、工业
辩证唯物主义方法教育	运动观:地球运动、陆地水的循环和转化; 发展观:海陆变迁、聚落的形成、气候变化; 联系观:环境问题、经济全球化
责任教育	身边的地理:本市交通现状、人口问题、环境问题、城镇变化等
国际理解教育	通过区域地理和《在世界中的中国》的学习,帮助学生从全球视角了解世界,理解国际合作的重要性

续表

素材类型	实例
可持续发展教育	人口问题、黄河和长江的开发和治理、自然资源的基本特征、土地资源和水资源的利用、环境问题等
爱国主义教育	我国基本国情、身边的红色文化、介绍不同区域的旅游资源使学生们认识到中华民族的无限智慧以及留传至今的创新能力等

通过表5.2可以看出，初中地理教材中含有丰富的思政教育素材，因此，教师要善用这些素材，做到教学的有效性。

（2）基于红色文化资源的地理实践能力案例——以贵州省贵阳市黔灵山公园为例

红色文化资源在当代中小学生的思想教育方面有着举足轻重的地位，地理研学旅行对于中学生地理实践能力的培养也占据着不可低估的位置。本书的地理实践能力匹配策略案例选取的是贵州省贵阳市黔灵山公园研学活动。

主题确定：本书红色文化地理研学案例是以贵州省贵阳市黔灵山公园为例。黔灵山公园位于贵州省贵阳市云岩区枣山路187号。黔灵山公园里的麒麟洞、贵州烈士纪念碑是贵州省贵阳市重要的爱国主义教育基地。麒麟洞因抗日战争时期，曾在此囚禁过西安事变爱国将领张学良和杨虎城两位将军而闻名遐迩，1997年被列为贵阳市爱国主义教育基地。麒麟洞陈列长廊中的图片和文字资料详细记录了两位爱国将领的事迹。除此之外，黔灵山公园有丰富的植被和地质遗迹便于学生在接受红色文化教育的同时进行地理野外研学活动。

目标设定：详见表5.3黔灵山公园研学旅行设计。

研学路线：公园南大门—九曲径—弘福寺—麒麟洞—人民英雄纪念碑—黔灵湖。

表5.3　黔灵山公园研学旅行设计

设计思路		结合贵州省贵阳市黔灵山公园特有的红色文化旅游资源、初中生智力水平发展特点以及地理课程标准，开展此次黔灵山公园研学旅行活动。研学旅行活动的重点在于认识贵阳市开发红色文化旅游资源的条件以及了解该地丰富的地质遗迹，培养学生以科学的眼光看待事物的发展，培养学生热爱祖国的情感，帮助学生形成良好的道德品质，最终促进学生"德智体美劳"全面发展
方案设计	主题	品黔灵山红色文化，察其丰富地质遗迹
	目标	1. 学生能说出黔灵山的地理位置与交通状况； 2. 运用地图分析黔灵山的地理位置对当地红色文化旅游发展的影响、学生自主探究红色旅游发展的意义，通过自主学习方式培养学生分析问题的能力； 3. 通过学习黔灵山红色文化，增强学生民族自豪感，培养学生爱国主义情操，传承中华民族优秀的传统文化； 4. 运用黔灵山地形图和地质构造图，学生能够读出黔灵山的地形类型、地质构造和地貌景观； 5. 通过学生进行小组实践活动建立知识体系，培养学生动手操作能力、分析问题能力以及解决问题的能力
	涉及教材内容	七年级上册等高线地形图的判读、地形剖面图的判读、地图的阅读、区域地理中一个地区地理位置的判读
	研学内容	1. 黔灵山公园南大门 任务：描述黔灵山公园的地理位置。 匹配策略：下位构建策略

方案设计	研学内容	2. 从杨柳井沿着九曲径到弘福寺 任务:对照资料可知从杨柳井沿着九曲径到弘福寺,地貌主要为厚层灰岩低山,地质构造为介于两个倾向相反的断层之间的背斜核部,为相对上升的断块山地。让学生实地观察、体会。(初中生并没有学习过相关知识,因此需要通过教师讲解,学生仔细聆听观察体会) 匹配策略:先行组织者策略	
		3. 弘福寺 任务:观察黔灵山等高线地形图,在图中找到自己所在位置——弘福寺。 匹配策略:下位构建策略	
		4. 弘福寺广场 任务:打开手机 APP"GPS 工具箱",刷新位置信息,读取手机屏幕中显示的经纬度和高度;打开 APP"GPS 实时海拔"读取自己所站位置的方向信息,判断东西南北方向。 匹配策略:下位构建策略	
		5. 麒麟洞 任务:通过麒麟洞陈列长廊中的图片和文字资料详细搜集并记录爱国将领张学良和杨虎城两位将军的事迹。需要说出该事件背后的地理意义。(体现旅游资源的科学价值和历史文化价值) 匹配策略:先行组织者策略	
		6. 人民英雄纪念碑 任务:① 教师带领班集体井然有序地为人民英雄献花,接着全体学生在人民英雄纪念碑前宣誓。仪式结束后,由班长带领全班学生诵读《沁园春·雪》《七律·长征》; ② 教师在此地引导学生用手机的"指南针"软件测量经纬度位置,判断半球位置以及相对位置; ③ 学生通过观察以及网上查询资料的形式,写出黔灵山公园的交通以及客源地等情况的报告。 匹配策略:下位构建策略	
		7. 完成研学报告并交流展示	

续表

方案设计	组织准备	1. 资料准备 学生自主搜集黔灵山的文字、黔灵山地貌图等相关资料,初步了解黔灵山概况。教师准备黔灵山地理位置及其地质图。 2. 器材准备 相机、笔、笔记本。 3. 组织准备 提前安排好交通工具,确定参与调查人员,四个学生为一个调查小组,小组长负责小组的校外考察、现场讨论、室内准备、作业检查等组织工作。考察前要将相关事宜告知学生家长,以征得家长的同意和支持。 4. 安全准备 教师做好安全教育,指导学生正确处理突发事件,设置安全小组,携带基本救生物品
	活动方式	以班级为单位,班级再按照小组形式展开活动
	研学问题	1. 了解贵阳市红色文化旅游资源分布地区的地理位置以及交通条件; 2. 通过参观景点,了解黔灵山红色文化,总结黔灵山红色旅游资源的开发价值:一是历史文化价值,二是教育价值,三是经济价值; 3. 通过历史事件讲解活动、情境演绎方式等,让学生切实感受"红色旅游"的魅力,能够总结出"红色旅游"开发的意义; 4. 通过黔灵山公园野外地质考察,初步了解黔灵山公园地质遗迹类型及其成因,初步学会使用等高线地形图和地形剖面图
	评价	教师层面:主要从目标内容、活动过程、活动效果和活动服务四个方面进行评价。 学生层面:主要从教学目标的达成、研学活动报告完成质量和组内表现三个方面进行评价
	研学旅行总结	研学旅行报告撰写提纲: 1. 题目及作者; 2. 序言应当包括研学旅行目的地(公园南大门——九曲径——弘福寺——麒麟洞——人民英雄纪念碑——黔灵湖)的地理位置、范围和面积等自然环境和人文环境; 3. 根据研学目的开展研学内容,进行相关研究问题的撰写; 4. 总结。对研学旅行的课程目标完成情况进行总结,对研学旅行的过程表现进行自我评价,描述自身研学旅行所得收获以及今后有待改善的地方等
设计反思		带领学生走进身边的红色文化——黔灵山,近距离追寻人民英雄的足迹,让学生铭记民族英雄。目标设计体现了新课程标准要求的"立德树人"核心,具体围绕培养学生核心素养展开活动。研学活动设计环节考虑到了景点之间的距离以及研学目标要求,主要活动包括:人民英雄纪念碑前宣誓、测量弘福寺的经纬度;麒麟洞主要事件及背后体现的地理意义;不同地质遗迹的表征及其成因。活动内容形式多样,锻炼学生语言表达能力、人际交往能力、逻辑智能发育等,符合多元智能理论发展的要求。但是,研学设计方案仍存在不足,主要表现在以下几个方面:①学生对两位将军的事迹需要提前查阅资料,对革命地所涵盖的地理知识背景进行分析和总结,有一定的难度;②黔灵山公园旅游业发展比较成熟,游客数量较稳定,但是要区分是否为了其红色文化资源而来有一定难度;③研学活动中,由于班级人数较多,在活动过程中要注意学生人身安全

需要注意的是,如果实地考察过程中学生觉得经纬度定位过于抽象,这将不利于其地理实践力的形成。如果要形成地理实践力就要将抽象的经纬度定位转换成与实际的实践能力相对应的一些知识,如利用北回归线定位来确定这个区域的热量带。

研学旅行是一种课堂教学与课外教学相结合的新型教学模式,是培养学生地理实践能力的重要途径。在研学过程中不仅要培养学生外在实践能力,还要注意地理教学中进行有效的思政教育。这就要求教师要关心政治,关心本地各项方针政策,紧扣时代特色进行有效思政教育。教师还要帮助学生理解我们各级政府及行政部门方针政策，体会政策的正确性以及政策是如何惠及人民群众的，这也是很重要的思政教育。除此之外，我们还要建立相应的评价机制。学生地理实践能力的评价单单采用考试的方式是行不通的，因此评估学习成绩的优劣，除了考试等定量测定外，还应将实践能力、参加社会实践活动的态度及对思政教育的内化程度等作为学生的测评内容，并设定相应的比例，由此而做出较为切合实际的评定。

综上所述，认知构建策略首先要立足于学生的原有经验，根据地理知识的种类匹配相应的认知构建策略，通过帮助学生逐步搭建知识结构，实现其认知和素养的提升。本书针对不同类型地理知识匹配相应的构建策略并举例说明。

四、情境构建

M-ACK 意义教学模式要求教学要对学生"有意义"，其"有意义"首先指的是课堂有趣，这样才能快速帮助学生进入学习状态。因此，教学中以学生的兴趣点和实际生活为起点构建真实情境，以此来提高学生的学习主观能动性，这也是意义教学结构中的第五步。教师在进行教学时首先要给学生构建一个情境，这个情境要兼顾视觉型学生和听觉型学生，视觉型材料和听觉型材料要搭配合理。为了防止设计的活动过于零碎，不利于学生逻辑思维的培养，特强调构建的这个情境要有主题性和连贯性，每个子活动之间必须要有逻辑性且具有一定的科学性和合理性，能够贯穿整个课堂。这样有利于学生在学习的过程中潜移默化地形成逻辑思维。

每个教师的教学风格和学生的学习情况是有差异的。基于此，每个教师设计的教学活动肯定也是不一样的。由于教师每天的教学任务和非教学任务都很重，因此很多教师会觉得没有时间来构建一个既有趣、贴近生活，又有科学性和逻辑性的情境。其实，教师们并不需要挖空心思重新想一个情境，我们可以借鉴教材中的阅读材料和活动题来构建情境。教材中的每个活动题都隐含着对于某个具体内容的学习应当呈现的教学逻辑，阅读材料都是精心挑选过且具有科学性的，教师可以通过设计教材中的活动题来构建一个科学且贯穿整个课堂的情境。本书将从地理要素和不同空间尺度区域两个方面举实例进行详细说明。

（一）地理要素

本书地理要素的第一个案例是以"用经纬度描述某一地理事物或现象所在地的位置"课标为例。要完成此课标，首先要求学生能够通过观察地球仪上的经纬线，认识纬线与经线，对比区分经线和纬线各自的形状、长度、数量、相互关系以及指示方向上的特点，归纳比较异同并掌握比较和归纳等地理学习的常用方法；要求学生能够掌握东经与西经、北纬与南纬的代表字母和划分依据，掌握高中低纬度的划分方法，归纳经度与纬度随度数变化的规律，具有一定的经纬度判读的能力。然后才能展示某一地理事物或现象描述其所在地的位置，通过经纬度知识的应用帮助学生达到本课标的要求。仔细观察人教版（2013 年）教材内容发现，本节最后一个活动题（图 5.14）可以用来构建情境。

活动:利用经纬网定位。

1. 在地球仪或地图上,利用经纬网确定位置,查找地名,并完成下表。

经度	纬度	地名	地名	经度	纬度
117°E	39°N	天津	上海	121°E	31°N
123°W	49°N		伦敦		
151°E	33°S		纽约		

2. 查阅近一个月来的报纸、杂志,看看世界或我国发生了哪些事件,利用经纬网找出这些事件的发生地点,读出大致的经纬度。

图 5.14 "用经纬度描述某一地理事物或现象所在地的位置"教材活动题

活动题第一题有两个要求:第一是学生能根据经纬度找到相应的地名;第二是学生能够根据地名找到其相应的经纬度。活动题第二题是要求学生能够描述近期国内外重大事件发生地所在的经纬度位置。分析两个活动题可以发现,要完成第一个活动题需要学生熟练地掌握经纬度的变化规律,而第二个活动题是第一个活动题的拓展提高,是学生在生活中运用地理知识的体现。因此,我们在教学中构建情境可以将第二题——世界或我国近期发生的重大事件作为主要情境贯穿整个教学过程,然后将重大事件的发生地定位在活动题第一题中的 6 个地点,具体的情境构建详见图 5.15。

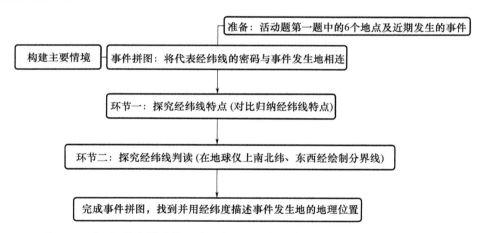

图 5.15 "用经纬度描述某一地理事物或现象所在地的位置"情境构建示意图

本书中这一案例情境活动方式是拼图,在实际教学中教师可以根据自己的需要设置不同的活动方式,比如侦探活动、旅游活动等。无论活动形式如何,情境的主要内容都是依据教材中的活动题,对其内容和逻辑进行整合。

本书地理要素的第二个案例是以"在地图上辨别方向,量算距离,识别图例所表示的地理事物或现象,并描述地理事物或现象的空间分布特征"课标为例。要完成此课标首先要求学生能够通过观察地图认识地图三要素——比例尺、图例和方向,知道比例尺是如何计算和比较的,识别地图中图例所表示的地理事物或现象并明确这些地理事物的方位、地理事物间的相对位置。仔细观察教材内容发现本节教材第一框"学会阅读地图"中的第二个活动题(图 5.16)可以用来构建情境。

活动：参照校园鸟瞰图和校园平面图，绘制一幅你所在学校的平面图。

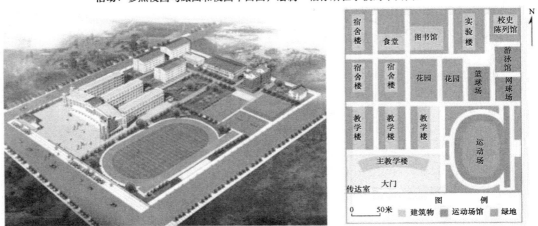

图 5.16 "在地图上识别三要素并描述地理事物或现象的空间分布特征"教材活动题

本节活动题有两个要求：第一是要求学生参照校园鸟瞰图和校园平面图，"参照"的前提是要观察这两幅图，通过观察对比首先找到地图中必备的三要素——比例尺、图例和方向，接着进一步对比观察识别地图中图例所表示的地理事物并明确这些地理事物的方位，最后明确不同地理事物之间的相对位置并能够用方位词进行描述；第二是要求学生绘制所在学校的平面图，这就是对于前面所学内容的应用，由此可以看出，活动题的两个要求是递进的。基于此，我们可以构建校园寻宝活动这一情境，首先需要学生掌握地图三要素、明确在地图上辨别方向、量算距离的方法，然后通过对比分析鸟瞰图和平面图，向学生展示地图阅读和判读的方法，运用小组合作使用工具测量学校、辨别方向并简单绘制自己学校的校园平面示意图，最后小组之间交换地图进行实地探访寻宝，具体的情境构建详见图 5.17。

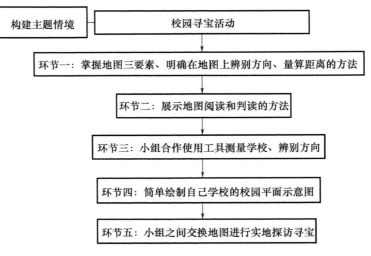

图 5.17 "在地图上识别三要素并描述地理事物或现象
的空间分布特征"情境构建示意图

本书中地理要素第二个案例情境活动方式是游戏,在实际教学中教师可以根据教学场地、学生情况等设置不同的活动方式,比如绘图比赛或者以题目的形式出现的活动等。无论活动形式如何,情境的主要内容都是依据教材中的活动题,对其内容和逻辑进行整合。

(二)不同空间尺度的区域

1. 大洲

本书大洲尺度的第一个教学案例是以"依据大洲地理位置特点,判断大洲所处热量带和降水的空间分布概况"课标为例,选择的大洲是亚洲。要完成此课标首先要求学生具有能够通过观察地图描述某大洲地理位置的能力,知道一个地区的地理位置可以从半球位置、海陆位置和经纬度位置等方面加以描述。然后学生才能依据大洲地理位置特点(纬度位置和海陆位置)来判断其所处的热量带及降水情况。而处于不同热量带和降水空间分布的差异必然会导致不同的景观,人教版(2013年)教材是以景观图与文字材料相结合的方式向我们展示亚洲不同区域居民生活差异的。景观图与其他类型地图不同之处在于其是对具体地理事物的外貌和景观进行展现。在读景观图时要注意观察图中所呈现出来的重要信息。例如,观察图中人物的衣着,如果穿着皮袄说明这个地方可能比较寒冷,如果穿着宽大的袍子说明这个地方比较炎热。所以,当同学们观察到这些细节的时候就会有意识地将其与当地的自然环境相联系。仔细观察教材内容发现,本节教材第二框"世界第一大洲"中的景观图(图5.18)可以用来构建情境。

图 5.18　"依据大洲地理位置特点,判断大洲所处热量带和降水的空间分布概况"教材图片

我们可以将这四幅景观图设计为一条旅游线路。从东亚的中国出发,途经中亚首先到达第一站北亚的俄罗斯,然后是第二站西亚的沙特阿拉伯,再是第三站南亚的孟加拉国,最后到达东南亚的印度尼西亚。以此过程来学习亚洲的位置和范围的同时,通过展示不同国家居民的生活来了解当地的自然环境,引导学生了解地理位置与热量降水之间的关系。

本书大洲尺度的第二个教学案例是以"运用地图和相关资料,简要归纳某大洲的地形、气候、人口、经济等地理特征"课标为例,选择的大洲是非洲。要完成此课标首先要求学生能够通过观察地图分析非洲主要的地形类型及地势起伏情况、主要的气候类型及特征等自然特征;通过分析相关材料描述非洲的人口和经济状况等人文特征,并明确自然特征与人文特征之间的联系。仔细观察人教版(2013 年)教材内容发现本节"茅草屋"活动题(图 5.19)可以用来构建情境。

活动:分析撒哈拉以南非洲传统民居与地理环境的关系。

    1. 撒哈拉以南非洲热带草原气候广布。分析右图,以乍得首都恩贾梅纳为例,说说热带草原气候的特点。

    2. 结合左图,谈谈当地民居与气候的关系。

 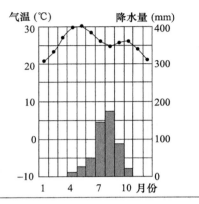

图 5.19 "运用图文资料简要归纳某大洲地形、气候、人口、经济等地理特征"教材活动题

我们可以根据"茅草屋"活动题设计一个以住在"茅草屋"的一家人为主题的活动,以这个微型社会为例来了解非洲的地形、气候、人口、经济等地理特征。设置情境之前教师需要查找非洲地区相关材料为构建真实情境提供依据。情境梗概为阿非利亚一家人住在当地典型的民居茅草屋中,这种屋子一般是用树枝、木棍构架,茅草铺满整个屋顶。阿非利亚的爸爸是位于几内亚湾北岸的加纳一家农场的工人,虽然这家农场 90％的产品都将出口,但是农场却每年都在亏钱,这是因为农场每年都要从国外进口价格昂贵的燃料、化学物品、交通设备及机械等工业制成品。不仅如此,他们家的粮食也越来越不够吃了,今年他们家又有一个孩子出生了,这是他们家的第五个孩子,这在当地是常事。阿非利亚经常一天只能吃一顿饭,他真的好饿。具体的情境构建详见图 5.20。

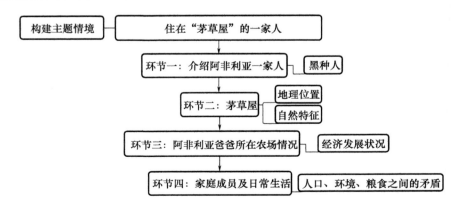

图 5.20 "运用图文资料简要归纳某大洲地形、气候、人口、经济等地理特征"情境构建示意图

情境活动方式可以根据自己的需要及风格来设计,无论形式如何要确保情境的科学性和逻辑性,否则任何情境都是无意义的。

2. 国家

本书国家尺度教学案例是以"运用地图和相关资料,联系某国家的自然地理环境特点,结合实例简要分析该国因地制宜发展经济的途径"课标为例。对应该课标本书选择的第一个国家是印度,要完成此课标首先要求学生能够运用地图和其他地理工具分析出印度的自然环境特点,其次是能够结合实例(如绿色革命)分析其地形、气候对其农业的影响。仔细观察人教版(2013年)教材内容发现,本节中有关印度人均耕地面积和粮食产量的活动题(图5.21)可以用来构建情境。

活动:印度与世界人均耕地面积、粮食产量的比值。

项目	耕地面积(2005年)	粮食产量(2008年)
印度人均值/世界人均值	0.66	0.61

图5.21　"联系自然地理环境特点分析某国因地制宜发展经济的途径"教材活动题

我们可以根据有关印度人均耕地面积和粮食产量的活动题设计一个印度"饿了"的主题情境,展示印度与世界人均耕地面积、粮食产量比值来引导学生思考其粮食供给不足的原因。通过分析发现,粮食不足原因有两点:其一是人口多,其二是印度自然环境影响其粮食产量。由此可以联系印度地形、气候特点,以绿色革命为实例详细分析印度因地制宜发展农业的途径。具体的情境构建详见图5.22。

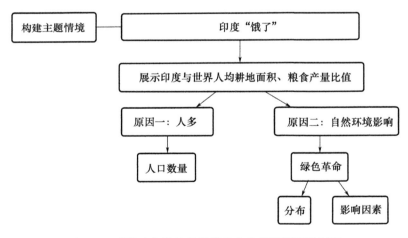

**图5.22　"联系自然地理环境特点分析某国因地制宜
发展经济的途径"情境构建示意图1**

对应"运用地图和相关资料,联系某国家的自然地理环境特点,结合实例简要分析该国因地制宜发展经济的途径"课标,本书选择的第二个国家尺度的教学案例是美国。美国农业地区专业化生产是当今世界农业发展的一个典型模式,与此同时,美国通过农业地区专业化生产成为世界上最发达的农业强国。美国农业带的形成和分布是自然条件和经济、社会条件综合作用的结果,也是因地制宜发展农业的典范。仔细观察人教版(2013年)教材内容发现本节阅读材料"凯里斯农场"(图5.23)可以用来构建情境。

阅读材料:凯里斯农场

　　农场主凯里斯五十多岁,他的农场有 1375 公顷耕地,玉米和大豆的种植面积各占一半。农场常年饲养着一万余头猪,玉米主要作为猪饲料,养猪场的粪肥用来肥田,农田基本不施化肥。农场拥有四台大型拖拉机组和多台联合收割机组,耕地连成一片,便于机械作业。凯里斯和他的儿子经营农场,如果需要,只需拨打电话,每项工作都可以找到专业的公司代劳。农场有一套塔式干燥和仓储设施,收获后的粮食可立即送入干燥塔,全过程都用电脑控制,实现了自动化。

图 5.23　"联系自然地理环境特点分析某国因地制宜发展经济的途径"阅读材料

　　我们可以根据"凯里斯农场"阅读材料设计一个参观活动,以这个微型农场为例来了解美国的农场具体是怎么运作的。通过参观凯里斯农场的具体运作感受美国农业的机械化程度;从农场的配置进而了解美国农业带的分布及其影响因素。具体的情境构建详见图 5.24。

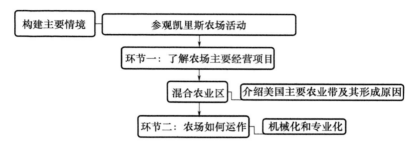

图 5.24　"联系自然地理环境特点分析某国因地制宜发展经济的途径"情境构建示意图 2

　　情境活动方式可以根据自己的需要及风格来设计,本书美国情境可以设置为参观活动,除此之外,还可以设置为角色扮演活动,让学生来当农场主或者记者等,无论形式如何,都要确保情境的科学性和逻辑性,否则任何情境都是无意义的。

　　3. 地区

　　仔细观察人教版(2013 年)教材内容发现,其中有关于北京城市符号的介绍可以用来构建情境,见图 5.25。

北京教材内容:

　　一个城市具有文化传承价值的著名建筑,往往成为这个城市的符号。天安门广场、人民大会堂是首都北京的符号,故宫、四合院是古城北京的符号,"鸟巢""水立方"是现代北京的符号……你心目中的北京符号是什么呢?

图 5.25　"北京的符号"阅读材料

　　我们可以根据"北京的符号"阅读材料设计一个探寻北京的符号为主题的活动,以古城北京符号、首都北京符号、现代北京符号和未来北京符号贯穿整个教学。首先介绍什么是城市符号——能代表其文化特征并具有传承价值的事物。然后再举实例介绍北京的符号,如故宫、四合院是北京的符号;天桥的杂耍、胡同小贩的吆喝是北京的符号;琉璃厂的书画、老舍的作品是北京的符号;王府井商业街、中关村科技园是北京的符号。最后介绍这些符号的形成原因及意义。具体的情境构建详见图 5.26。

　　情境活动不仅可以依据教材中的阅读材料、活动题来设计,还可以根据教材内容中的某段文字来设计,这样有利于保证情境的科学性。

　　本书地区尺度的第二个教学案例是以"运用地图和相关资料,描述某区域城乡分布"课标为例,选取的区域是塔里木盆地。塔里木盆地的自然环境特点影响了当地人口、城镇和交通线的分布,因此,要完成本课标首先需要学生运用地图和相关材料说出塔里木盆地自然环境的特点,然后依据地图所示描述塔里木盆地城乡分布情况并分析其与自然环境的关系,见图5.27。仔细观察教材内容发现"认识塔里木盆地城镇、交通线的分布与自然环境的关系"活动题可以用来构建情境。

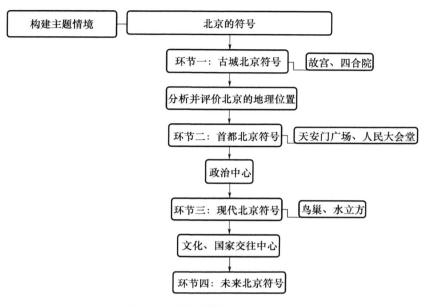

图5.26　"北京"情境构建示意图

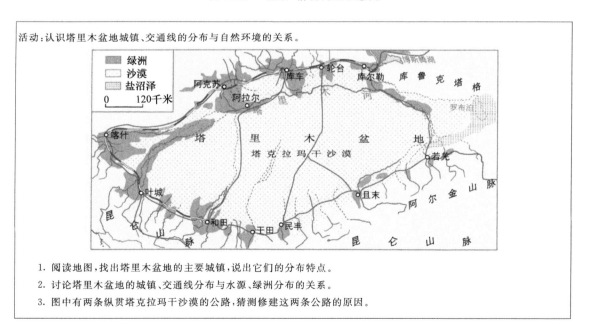

图5.27　"运用地图和相关资料,描述某区域城乡分布"教材活动题

　　通过"认识塔里木盆地城镇、交通线的分布与自然环境的关系"活动题让学生阅读图文资料,说明塔里木盆地人口、城镇和交通线的分布与地形、水源的关系。活动题一共设置了三个层层递进的问题,第一、二个问题让学生了解当地自然环境及与城镇、交通线分布的关系,第三个问题又为下一个标题的内容做了铺垫,起到了承上启下的作用,因此,可以据此设计一个贯穿整个教学过程的情境,具体的情境构建详见图 5.28。

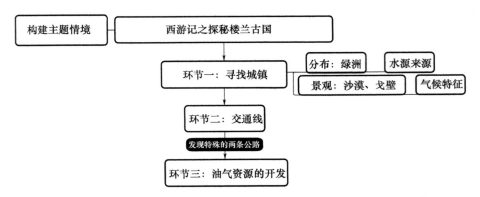

图 5.28 "运用地图和相关资料,描述某区域城乡分布"情境构建示意图

　　本书塔里木盆地的情境活动是以学生们耳熟能详的西游记故事为背景,通过探秘楼兰古国来探明塔里木盆地的自然环境及城镇、人口分布情况。为了保证材料的真实性,教师需要先确定楼兰古国的地理位置,查询它的相关材料。在实际教学中也可以选择设计直接探秘塔里木盆地的研学活动作为教学的主题情境,最终呈现方式要依据教情和学情。

第六章

M-ACK 意义教学知识整合、评价及工具箱的开发

M-ACK 意义教学结构的最后一步是知识整合及评价。在日常教学中仅凭教师、学生或师生共同简单地重复课堂所学是无法真正帮助学生将所学知识纳入自己的知识体系之中的。知识整合之后,学生会呈现出具有强大的记忆力。强大的记忆力是高效学习的保证。很多教师对帮助学生记忆知识有所误解,认为记忆知识就是死记硬背。记忆是知识学习的基础,我们反对的其实并不是记忆,而是死记硬背这种记忆的方式。强大的记忆力是可以通过培训习得的,只要学习者专心致志、全心投入、给学习内容加入意义就可以习得。如让学习者记住人名Baker 和面包师 baker,绝大多数的人都会记住面包师 baker。究其原因是因为对于大多数人来说,面包师有更多的意义,能产生更多的联想。因此,M-ACK 意义教学通过赋予材料更多意义的方式来帮助学生整合自身的知识体系。在 M-ACK 意义教学中主要采取的整合方式有三种:第一种是编剧式整合法;第二种是思维整合法;第三种是格子整合法。

一、知识整合

(一)编剧式整合法

基于每个学生都具有良好的视觉和空间想象力,结合初中生年龄特点,笔者总结出编剧式整合法。通过编剧式整合法学习者将零散的知识用编剧的方式转化成跟自己脑海里的其他记忆串联起来的有意义的知识。运用编剧式整合法有四个步骤:首先需要选择一张地图,这张地图必须是与所学内容相关的地图。这张图可以是平面的,也可以是立体的。使用者必须对自己选择的这张地图非常熟悉,因为编剧式整合法的有效性取决于这张地图能否轻易再现在你的脑海中。因此,在日常教学中教师要注意引导学生运用地图解决问题,在实际运用中熟悉相关地图,为其整合知识打下基础。其次,列出本节所有需要掌握的知识点,学习者通过学习列出本节所学的知识点,结合学习目标,将知识点补充完整。观察知识点,寻找并标明知识点之间的逻辑关系。再次,教师给学生提供整合表,学习者以本节知识点为基础,结合地图进行本节的剧本编写。最后就该使用地图了。完成编剧之后,学习者基本掌握了大致的知识点,并在日后使用时能较容易地提取相关知识。但是如果学习者是新手,就需要通过走行程的方式将故事在头脑中演练一遍,增强形象思维。需要注意的是,故事越有逻辑性,故事人物越有戏剧

性,学习者整合得越好。编剧式整合法已在笔者出版的《M-ACK 地理课程的开发与应用》中详细阐述过,这里只选取两个例子进行概述。

1. 地理要素——以"地形和地势"为例

本书地理要素编剧式整合法案例选取的是中国的"地形和地势"。在整合之前,学习者应首先选择一张地图。在本案例中学习者选择的是中国地形图。然后根据学习目标列出本节的知识点,进行编剧整合,最后结合剧本使用地图掌握本节知识。

根据课上所学,学生列举出本节需要掌握的知识点为我国地形的类型特点;我国地形分布特征;我国地势特征;地形地势对我国自然环境、生产和生活的影响。根据自己列举的知识点,学生结合自己选择的地图进行编剧,以下就是其中一位同学的创作。

"西游记"

作者:陈玉

一个名叫伍六七的游者,他和他的师父走遍了万千河山,大江南北。他们听说 318 国道是世界上最美的景观大道,因此,他们准备一探究竟。

318 国道是横跨中国华东、华中、西南地区的一条国道,起点为上海市黄浦区,终点为日喀则市聂拉木县,全程 5476 千米,经过上海、江苏、浙江、安徽、湖北、重庆、四川、西藏八个省份,是中国最长的国道,被称为"中国人的景观大道"。他们先从上海出发,发现这一路的自然景观类型齐全多样,异彩纷呈,世所罕见;从海平面的长江口到地球之巅的珠穆朗玛;从盆地到平原、高原;从丘陵到低山、中山、高山、极高山;从淡水湖到咸水湖;从雨林到灌丛、草原、荒漠……优美壮丽同在,幽景旷景并存。这条路还是人文的巡礼和历史的隧道;从浙江河姆渡 7000 年前的水稻到昌都卡诺遗址的小米;从良渚文化的玉到三星堆的铜;从周庄、同里的老屋到丹巴的碉楼;从唐蕃古道到藏彝大走廊……东西汉藏、南北羌彝,无分尊卑、多元一体。充满好奇心的伍六七,拿出了从 iPhone 那儿借来的 siri 问道:"嘿!siri,中国地形特征。""中国地形特征是地形类型多样,山区面积广大。"

下午,为了更好地游玩 318 国道,伍六七又拿出了他的 siri:"嘿!siri,中国地形的分布。""中国地形分布呈现网格状,主要的山脉是其骨架,而嵌在其中的高原、平原和丘陵群就是被骨架分割成的'宝石'。每类大地形区的特征,特别是四大高原、四大盆地和三大平原的地形特征,对中国的自然环境和人类活动有着重要影响。"

伍六七和他师父通过 siri 了解中国的地形之后,准备细细游览这一条"中国人的景观大道",318 国道几乎就是沿着北纬 30 度线前行的。那些伟大的景观不是在道路的两旁,就是在道路的南北不出 200 千米的范围内,如长江口、钱塘江、西湖、太湖、黄山、庐山、鄱阳湖、洞庭湖、九华山、天柱山、神农架、三峡、中国后花园——恩施、长阳清江画廊、张家界、武陵源、黄龙洞、峨眉山、牛背山……再向西,一些不为人们所了解、在传统文化中也找不到的风景开始进入他们的视野,尤其是过去人们无缘欣赏的雪山冰川开始频频出现:贡嘎山、海螺沟千米大冰瀑、折多山、稻城三大雪峰——仙乃日、央迈勇与夏诺多吉、东达山……在这条线上,海拔 7000 多米的南迦巴瓦、加拉白垒出现了,再向西世界 8000 米以上的 14 座山峰中的 4 座——马卡鲁峰、卓奥友峰、珠穆朗玛峰、希夏邦马峰出现了,其中珠峰为地球上的最高点。还有无数的无名雪山和冰川在这条大道的两旁。

通过游览,伍六七提出了他的疑问:"师父,我们从东出发来到西部,您有没有发现我们走得越来越费劲啊,像在爬山一样。"师父慈爱地看了伍六七一眼,回答道:"这是因为我国地势西高东低,并呈三级阶梯状分布。不同阶梯之间,海拔高差非常大。"

游玩过程中伍六七观察到这一路有很多的水电站,他问师父:"师父,您有没有发现阶梯交界处水电站特别多啊?"师父得意地看了一眼自己的徒儿,说:"阶梯交界处海拔高差非常大导致水流落差大,能够产生巨大水能,因此,阶梯交界处是建立水电站的好地方。除此之外,地势西高东低有利于东部太平洋湿润气流深入内地;大河西源东流也促进东西的沟通。"

经过大半年的游玩,伍六七和师父都累坏了,但是这场旅行对于师徒二人来说都是美好的。

在本案例中,"地形和地势"各个知识点具体体现如下所示。

① 我国地形特点:地形类型多样,山区面积广大。

② 我国地形分布特征:中国地形分布呈现网格状,主要的山脉是其骨架,而嵌在其中的高原、平原和丘陵群就是被骨架分割成的"宝石"。

③ 我国地势特征:西高东低,并呈三级阶梯状。

④ 地形地势对我国自然环境、生产和生活的影响:阶梯交界处海拔高差非常大导致水流落差大,能够产生巨大水能,地势西高东低有利于东部太平洋湿润气流深入内地;大河西源东流也促进了东西的交流。

2. 区域——以"塔里木盆地"为例

本书区域案例选取的是"塔里木盆地"。在整合之前,学习者应首先选择一张地图。在本案例中学习者选择的是塔里木盆地的地图。然后根据学习目标列出本节的知识点进行编剧整合,最后结合剧本使用地图掌握本节知识。

根据课上所学,学生列举出本节需要掌握的是运用地图归纳人口、城镇的分布特点,理解塔里木盆地地理位置,地形因素对河流、绿洲分布的作用和影响;说出西气东输工程对我国东西部地区经济协同发展的意义。根据自己列举的知识点,学生结合自己选择的地图进行编剧,以下就是其中一位同学的创作。

乐迪游中国
——塔里木盆地

作者:孟绪洋

今天乐迪的任务是给一位居住在塔里木盆地的小朋友送快递,"乐迪,给你介绍一下。"总部的声音响起,"塔里木盆地位于我国新疆南部,天山山脉和昆仑山脉、阿尔金山脉之间,是我国面积最大的盆地。"在经过长途跋涉之后,乐迪来到了塔里木盆地,"哇,塔里木盆地沙漠和戈壁广布,景色好壮观啊!"乐迪从空中飞下,来到了那位小朋友的家门口,"砰砰"地敲响了小朋友家的门。"你好,我是乐迪,每时每刻准时送达。"乐迪在门里听见了"嗒嗒"的声音,"吱呀"一声门开了。"你好,我是乐迪,这是你的快递。"小朋友名叫阿依慕,阿依慕是个维吾尔族的小女孩。阿依慕在地上拆开了快递,"哇,是我的白杨树!"乐迪好奇地凑过去边看边问:"这棵树有什么特别的吗?"阿依慕立起白杨树说道:"这是一种奇怪的树。这种树生而一千年不死,死而一千年不倒,倒而一千年不腐。""这可真神奇呀!"乐迪说,"这棵树为什么能够这么长时间不腐呢?""这是因为塔里木盆地远离海洋,周围又有高大山脉环抱,来自海洋的气流不易到达,所以气候干旱,降水稀少。"阿依慕拿出当地瓜果热情地招待乐迪。乐迪拿起一块哈密瓜放进嘴里,果然香甜多汁。阿依慕向乐迪介绍说:"别看我们这气候干旱,我们天越干越旱越盼晴。"乐迪感到疑惑:"这个地区气候如此干旱,水果却香甜多汁,水从哪里来呢? 为什么天越干越旱越盼晴呢?"阿依慕继续解释:"塔里木盆地的水主要来源于冰雪融水和山地降水,你看我们的绿洲就分布在水源附近,而我们的城镇就分布在绿洲上。"乐迪飞到上空观察到塔里木盆地城镇与城镇之间并不是完全独立存在的,城镇之间有便利的交通线且是围绕绿洲周围的。乐迪飞回到阿依慕身边问道:"为什么你们的交通线要围绕绿洲呢? 修条直线不是更方便吗?"阿依慕回答说:"其实我们更愿意修横穿塔克拉玛干沙漠的交通道路,因为在塔克拉玛干沙漠中有丰富的油气资源,但是沙漠公路修之不易,公路极易被流沙吞噬,为了防止这种现象发生,工程人员在公路两边修建栅栏和草方格,种植耐旱植被。"

"阿依慕请到答题处。"一个声音响起,原来是塔里木盆地"最强大脑"的比赛开始了。阿依慕拉着乐迪到了答题处。"请听题,塔里木盆地地区蕴藏了如此丰富的油气资源,它主要使用哪种运输方式运送呢?""嘀——"答题声响起。"由于油气资源是液态或气态,且量比较大。我们一般会采用管道运输。"阿依慕以迅雷不及掩耳之势完成了答题。"非常好,请听下一题。说出我们将这一运送工程的名称?""西气东输。""答对了,请听下一题。西气东输能为我国东西部地区的发展带来哪些经济效益?"呃……这题把阿依慕难住了,她面露难色,不知道该怎么办! 突然乐迪说道:"是时候召唤超级飞侠了。""超级飞侠是什么?""他们是我的好朋友,每当我遇到困难,他们都会来帮助我,总部接通。"乐迪拿起通信器向总部汇报这次的情况,并说明了他们现在的困难。"好的,马上派人过去。"正当乐迪和阿依慕焦急地等待着,天空出现了两个黑点。看! 他们来了,是小爱和多多。多多和小爱到达后,听了乐迪和阿依慕的困难,轻而易举地给出了答案。"实施西气东输,有利于调配能源资源地域分布不均的状况,优化我国以煤炭为主的能源消费结构,改善沿线主要大城市的空气质量,促进区域的协调发展,为沿途各省的发展创造了良好的契机,激发沿途省区钢铁、建筑、运输、商业和机械电子等产业的发展潜力。西气东输使西部资源的优势与东部地区的经济技术优势得到合理的配置,对东西部地区的协调发展起着促进作用。对西部地区而言,西气东输工程可以将西部地区的资源优势转化为经济优势。西气东输工程的大量投资,可以推动中西部地区天然气勘探开发和管道等基础设施建设,增加就业机会,并强力拉动相关产业的发展。对于东部地区而言,西气东输工程可以缓解东部地区能源紧缺的状况,优化东部地区能源的消费结构。西气东输工程可以发挥东部地区的经济技术优势,推动其工业的发展。""非常棒,恭喜阿依慕获得终极大奖。"这次任务圆满完成。

在本案例中,"塔里木盆地"各个知识点具体体现如下所示。

① 塔里木盆地地理位置:塔里木盆地位于我国新疆南部,天山山脉和昆仑山脉、阿尔金山脉之间,是我国面积最大的盆地。

② 塔里木盆地的气候:塔里木盆地远离海洋,周围又有高大山脉环抱,来自海洋的气流不易到达,所以气候干旱,降水稀少。

③ 塔里木盆地的水源:塔里木盆地的水主要来源于冰雪融水和山地降水。

④ 塔里木盆地地理位置、地形因素对河流、绿洲分布的作用和影响:塔里木盆地的水主要来源于冰雪融水和山地降水,绿洲就分布在水源附近。

⑤ 塔里木盆地人口、城市及交通线的分布特点:塔里木盆地城镇分布在绿洲上,城镇与城镇之间并不是完全独立存在的,城镇之间有便利的交通线且是围绕绿洲周围的。

⑥ 西气东输工程对我国东西部地区经济协同发展的意义：对西部地区而言，西气东输工程可以将西部地区的资源优势转化为经济优势。对于东部地区而言，西气东输工程可以缓解东部地区能源紧缺的状况，优化东部地区能源的消费结构。东西部地区利用各自的优势协同发展。

(二)思维整合法

思维整合法，英文是 The Mind Map，又叫心智导图，是表达发散性思维的有效图形思维工具，它简单却又很有效，是一种实用性的思维工具。思维整合法运用图文并重的技巧，把各级主题的关系用相互隶属与相关的层级图表现出来，把主题关键词与图像、颜色等建立记忆链接。它充分运用左右脑的机能，利用记忆、阅读、思维的规律，协助人们在科学与艺术、逻辑与想象之间平衡发展，从而开启人类大脑的无限潜能。放射性思考是人类大脑的自然思考方式，每一种进入大脑的资料，不论是感觉、记忆或是想法——包括文字、数字、符码、香气、食物、线条、颜色、意象、节奏、音符等，都可以成为一个思考中心，并由此中心向外发散出成千上万的关节点，每一个关节点代表与中心主题相关的一个联结，而每一个联结又可以成为另一个中心主题，再向外发散出成千上万个关节点，呈现出放射性立体结构，而这些关节点的联结可以视为学习者的记忆，就如同大脑中的神经元一样互相连接，通过连接形成学习者个人的知识结构。M-ACK 意义教学的思维整合是网状的，每个课题的思维整合网并不是独立的，而是相互关联的。思维整合网随着学生学习内容的增多会不断向外扩展、向内延伸，最终形成学生个人的知识体系。因此，教师需要先帮助学生厘清相关课题的大概念及概念层级，然后再引导学生整合其思维，形成网络体系。

思维整合法首先需要确定课题的大概念及其确定依据，然后明确概念层级，最后才能得出本节课的思维整合图。本书以河流和中国的气候为例进行详细说明。

1. 河流

(1)确定课题的大概念及其确定依据

河流所属的单元为"中国的自然环境"，通过分析可以确定本课题的大概念为中国的河流以外流河为主，河流的治理与开发。大概念确定的依据是河流这部分内容是初中地理教学的重点和难点。与中国河流有关的课标是"运用地图和相关资料，简要归纳河湖的特征，描述长江、黄河的特点，举例说明其对经济发展和人们生活的影响"。本节自始至终贯穿的一条主线是河流与人类的关系，探索河流的水文特征以及对社会经济发展的影响。一方面，突出河流对人类活动的贡献，比如长江和黄河的水能资源及其开发，长江"黄金水道"与航运事业的发展，黄河流域河套平原上的引黄灌溉，都生动地说明了河流给人类生产和生活提供了有利的条件。另一方面，考虑到了河流对人类还有不利的一面，例如长江的生态问题、洪涝灾害，黄河的泥沙问题、地上河等。

(2)明确概念层级

明确概念层级首先需要区分课时概念、重要概念、具体概念和地理事实，其中课时概念是核心。针对本课题，其课时概念是中国的河流以外流河为主，通过学习河流的治理与开发，说明其对经济发展和人们生活的影响；重要概念是内外河流、水文特征、水系特征；具体概念是黄河与长江的水文特征及其开发与治理；地理事实为河流的起源、形性、利用和忧思。

（3）思维整合图

根据上述分析，我们就可以画出本课题的思维整合图，见图 6.1。

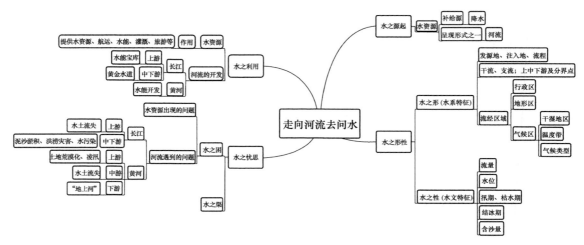

图 6.1　"河流"思维整合图

2. 中国的气候

（1）确定课题的大概念及其确定依据

中国的气候所属的单元为"中国的自然环境"，通过分析可以确定本课题的大概念为中国的气候复杂多样，季风气候显著，对人类生产、生活带来巨大的影响。大概念确定的依据是气候这部分内容是初中地理教学的重点和难点。与中国的气候有关的课标是"运用地图和相关资料，简要归纳中国气候特征，简要分析影响中国气候的主要因素"，涉及"我国冬夏气温分布特点及温度带""降水时空分布特点及干湿地区""我国各种气候类型分布及特征""影响气温、降水、气候地区差异的主要因素"，由此总结出"我国气候复杂多样、季风气候显著的特点"以及"气候与人类活动"等内容。因此，结合课标，本课题的大概念应该放在中国气候总特征以及通过身边的地理现象理解不同的气候类型对生产、生活的影响上，本节课应侧重构建知识体系，夯实基础知识，渗透学习方法，尤其是分析地理问题的方法。

（2）明确概念层级

明确概念层级首先需要区分课时概念、重要概念、具体概念和地理事实，其中课时概念是核心。针对本课题，其课时概念是中国的气候复杂多样，季风气候显著，对人类生产、生活带来的巨大的影响；重要概念是气候和季风；具体概念是气候的类型及特征、气候分布；地理事实为气温和降水的地区差异、温度带和干湿地区的地区差异。

（3）思维整合图

根据上述分析，我们就可以画出本课题的思维整合图，见图 6.2。

（三）格子整合法

格子整合法是思维整合图的改进版。使用格子整合法不仅能够整合学生所学知识，还能在有效整合知识的同时引导学生进行发散思维，培养他们的创造力。学生刚开始学习整合时可以使用四方格整合法（图 6.3），确定主题之后将与主题有关的内容（学生可能会联想到自己已有的知识或新课所学）填入四个方格中，再将方格拆开，每个联想设为一个新主题，通过逻辑思维进行归纳整合。当思维打开之后就会发现四方格不够用了,这时就可以使用九方格(图6.4)甚至更多的方格进行整合。四方格和九方格的目的是为了让学生进行发散性思维,产生与主题相关的联想,对每一个联想进行逻辑推理,探明每一联想与主题的逻辑关系,建立自己的知识结构网。这种整合方法不仅能够帮助学生构建自我的知识体系,还能培养他们的创造力。在进行整合的过程中学生会发现某些联想自己无法进行逻辑推理,因此,学生自己就会想办法解决问题(查书或问教师),由此也培养了学生好的学习品格。

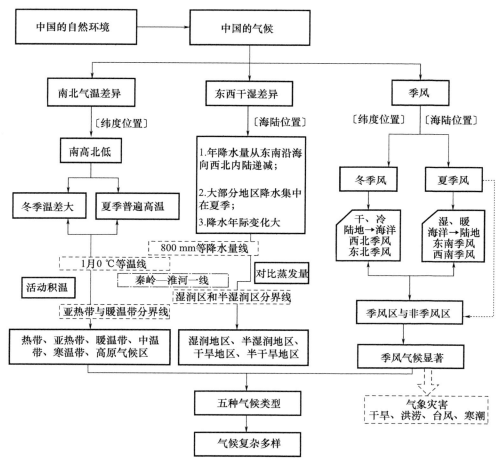

图 6.2 "中国的气候"思维整合图

1. 四方格整合策略案例分析

(1)地理要素——以"河流"为例

本书地理要素四方格整合策略案例是以"河流"为例,运用四方格整合法进行知识构建。对于河流,学生会联想到河流的分布、河流的水文特征、我国最有代表性的河流——长江和黄河。对于河流的分布,学生会联想到外流河、内流河、外流区和内流区(图 6.5)。对于河流的水文特征,学生会联想到水位、水量、汛期、枯水期、结冰期等。对于长江和黄河,学生会联想到它们的源头、河流上中下游各段的特点,长江的主题是开发,而黄河的主题是治理(图 6.6)。整理之后阅读的顺序可自我设定,既能逆时针也可顺时针。本书只是展示到四方格的第二层,在实际操作中可以根据自己知识储备情况无限向外延展,如图 6.7 所示。

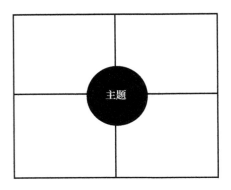

图 6.3　四方格整合法

图 6.4　九方格整合法

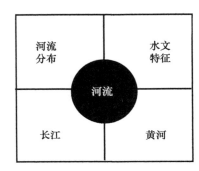

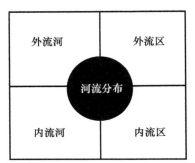

图 6.5　四方格整合法——以"河流"为例（一）

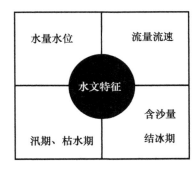

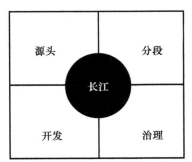

图 6.6　四方格整合法——以"河流"为例（二）

（2）不同空间尺度的区域

① 大洲——以"南极洲"为例

本书大洲尺度的四方格整合策略案例是以"南极洲"为例,运用四方格整合法进行知识构建。对于南极洲,学生会联想到极地地区（南极和北极地区）的地理位置、两极地区独特的自然环境、人类对两极地区开展的科学考察、极地地区环境问题以及人类对此进行的保护活动。对于地理位置,学生会联想到描述一个区域地理位置的方法,如从半球位置、经纬度位置和相对位置等方面进行描述（图 6.8）。对于自然环境,学生会联想到极地地区独特的自然环境,如气候、风速、地形等。对于科学考察,学生首先会联想到两极地区具有哪些科学考察的价值,如丰富的矿产资源、海洋资源、淡水资源、冰芯对古气候研究的研究价值和人类建立的科考站(图6.9)。对于环境保护,学生会联想近期极地地区出现的环境问题以及人们为保护极地地区所做出的努力。整理之后阅读的顺序可自我设定,既能顺时针也可逆时针。本书只是展示到四方格的第二层,在实际操作中可以根据自己知识储备情况无限向外延展,如图6.10所示。

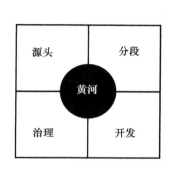

图6.7 四方格整合法——以"河流"为例(三)

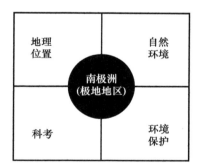

图6.8 大洲尺度的四方格整合法——以"南极洲"为例(一)

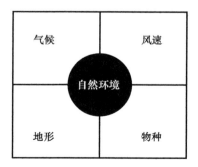

图6.9 大洲尺度的四方格整合法——以"南极洲"为例(二)

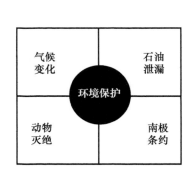

图 6.10　大洲尺度的四方格整合法——以"南极洲"为例（三）

② 国家——以"澳大利亚"为例

本书国家尺度的四方格整合策略案例是以"澳大利亚"为例,运用四方格整合法进行知识构建。对于澳大利亚,学生会联想到其地理位置、美称及其自然、人文特征（图 6.11）。对于美称,学生会联想到澳大利亚被称为"世界活化石博物馆""骑在羊背上的国家""坐在矿车上的国家"（图 6.12）。对于自然特征和人文特征,学生会联想到具体从哪些方面来详细分析。整理之后阅读的顺序可自我设定,既能逆时针也可顺时针。本书只是展示到四方格的第二层,在实际操作中可以根据自己知识储备情况无限向外延展,如图 6.13 所示。

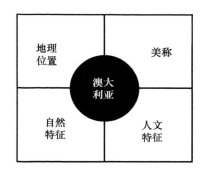
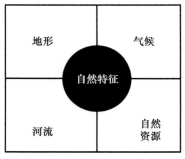

图 6.11　国家尺度的四方格整合法——以"澳大利亚"为例（一）

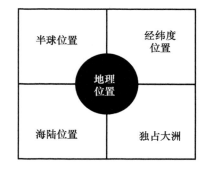
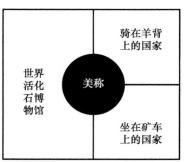

图 6.12　国家尺度的四方格整合法——以"澳大利亚"为例（二）

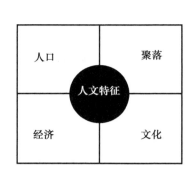

图 6.13　国家尺度的四方格整合法——以"澳大利亚"为例(三)

③ 地区——以"塔里木盆地"为例

本书地区尺度的四方格整合策略案例是以"塔里木盆地"为例,运用四方格整合法进行知识构建。对于塔里木盆地这块宝地,学生会联想到它的地理位置、景观、自然特征和油气资源。对于塔里木盆地的地理位置,学生会联想到塔里木盆地位于新疆,然后可以从经纬度、海陆两个方面来分析它的地理位置(图 6.14)。对于其景观,学生会联想到这个地区沙漠、戈壁广布。对于其自然特征,学生会联想到它的气候、地形、植被、水源等(图 6.15)。对于油气资源,学生会联想到塔里木盆地油气资源十分丰富、油气资源主要通过公路和管道进行运输、我国建设的大型资源跨区域调配工程——西气东输及其产生的经济和生态效益。整理之后阅读的顺序可自我设定,既能逆时针也可顺时针。本书只是展示到四方格的第二层,在实际操作中可以根据自己知识储备情况无限向外延展,如图 6.16 所示。

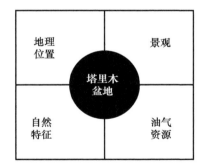

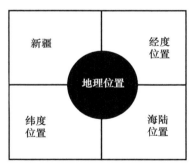

图 6.14　地区尺度的四方格整合法——以"塔里木盆地"为例(一)

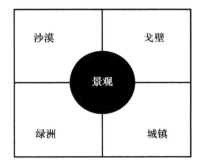

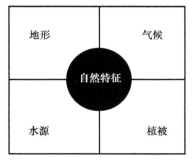

图 6.15　地区尺度的四方格整合法——以"塔里木盆地"为例(二)

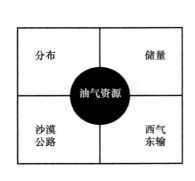

图 6.16　地区尺度的四方格整合法——以"塔里木盆地"为例（三）

2. 九方格整合策略案例分析

（1）地理要素

本书地理要素的第一个案例是以"海陆的变迁"为例，使用九方格整合法进行知识构建。对于海陆变迁，学生会联想到陆变海、海变陆、围海造陆、板块构造学说、板块运动、大陆漂移学说、火山、地震等。对于陆变海、海变陆、围海造陆，学生可根据自己的知识面举出相应的例子。对于板块构造学说，学生会联想到该学说认为由岩石组成的地球表层并不是整体一块，而是由板块拼合而成的，板块内部比较稳定，板块与板块交界处比较活跃。对于板块运动，学生会联想到全球大致分为六大板块、板块运动的两种方式——碰撞挤压和拉伸张裂、与板块运动相关的学说。对于大陆漂移学说，学生首先想到的应该是该学说的提出者魏格纳，接着可能会联想到该学说提出的三个有力证据。对于火山和地震，学生会联想到比较著名的火山地震带以及火山地震带来的利和弊。整理之后阅读的顺序可自我设定，既能逆时针也可顺时针。本书只是展示到九方格的第二层，在实际操作中可以根据自己知识储备情况无限向外延展，如图6.17 所示。

A—J.学生举出实例
K.地震带实例
L.地震利弊
M.六大板块
N.碰撞挤压
O.拉伸张裂
P.相关学说
Q.火山带实例
R.火山利弊
S.古老地层相似
T.古生物相同
U.轮廓吻合
V.魏格纳
W.内部稳定
X.交界处活跃

图 6.17　地理要素九方格整合法（一）——以"海陆的变迁"为例

本书地理要素的第二个案例是以"气候"为例，使用九方格整合法进行知识构建。对于气候，学生在七年级上册第三章第四节学习过《世界的气候》，在本节学生又深入学习了中国的气候。因此,学生会联想到景观、气温、降水、影响、我国气候的主要类型和主要特征、影响因素等。对于气温,学生会联想到冬季和夏季的气温差异、1月0°等温线、温度带等。对于降水,学生会联想到我国年降水量的分布、不同季节降水量的差异、年际变化及我国干湿地区的划分。对于气温和降水带来的影响,学生会从生活和生产方面进行整合。对于我国气候类型,学生会想到我国的气候类型——热带季风气候、亚热带季风气候、温带季风气候、温带大陆性气候、高原山地气候。对于我国气候的主要特征,学生会联想到我国气候主要特征为气候复杂多样和季风气候显著。对于景观,学生会从自然和人文两个方面来进行联想。对影响气候的主要因素,学生会从海陆、纬度、地形、季风四个不同的方面进行扩展。整理之后阅读的顺序可自我设定,既能逆时针也可顺时针。本书只是展示到九方格的第二层,在实际操作中可以根据自己知识储备情况无限向外延展,如图6.18所示。

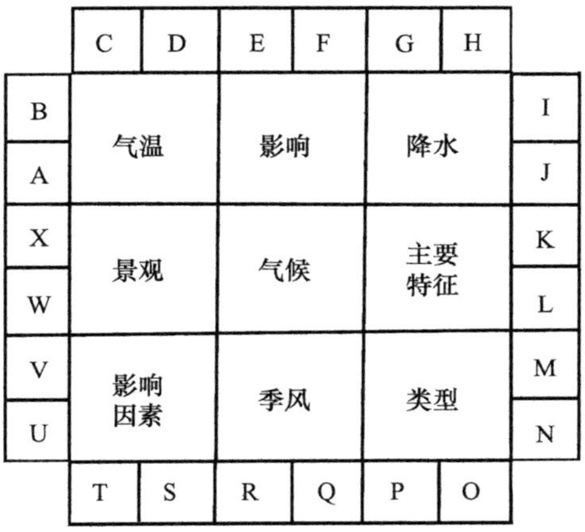

A.冬季; B.夏季; C.等温线;
D.温度带; E.生活; F.生产;
G.分布; H.季节; I.年际;
J.干湿地区; K.复杂多样;
L.季风显著; M.热带季风;
N.亚热带、温带季风;
O.温带大陆; P.高原山地;
Q.冬季风; R.夏季风;
S.海陆; T.纬度; U.地形;
V.盛行风; W.自然; X.人文

图6.18　地理要素九方格整合法(二)——以"气候"为例

(2)不同空间尺度的区域

① 大洲——以"亚洲"为例

本书大洲尺度的案例是以"亚洲"为例,使用九方格整合法进行知识构建。亚洲是世界第一大洲,亚洲的面积是最大的,达到4400万平方千米。但是面积大就一定代表范围大吗?这可不一定。学生可以仔细想想用哪些数据来说明亚洲范围。描述一个地区的范围可以从面积、所跨纬度范围和东西距离三个方面来描述。需要注意的是,我们是用东西距离而不是所跨经度范围来描述,这是因为在不同纬线上,经度每差1度的实际距离是不相等的。对于亚洲的自然、人文地理特征,经过前期的学习学生会知道从地形、气候、河流、人口、经济等方面进行扩展。由于亚洲的地域如此辽阔,为了便于了解和学习它,我们按照地理方位将亚洲分为了六个区域,学生自然会联想到六个区域的名称及每个区域包含的国家。对于亚洲景观,学生会从自然和人文两个不同的方面进行扩展。整理之后阅读的顺序可自我设定,既能逆时针也可顺时针。本书只是展示到九方格的第二层,在实际操作中可以根据自己知识储备情况无限向外延展,如图6.19所示。

② 地区

本书地区尺度的第一个案例是以"欧洲西部"为例,使用九方格整合法进行知识构建。对于欧洲西部,学生会联想到其地理位置、气候、地形、景观、河流、历史、资源和旅游。对于地理位置,学生会联想到其描述方式及范围。对于气候,学生会联想到欧洲西部的气候类型及影响其气候的因素。对于地形,学生会联想到欧洲西部的地形类型——高原、山地、平原和丘陵。对于欧洲西部的河流,学生会联想到其名称和主要河流的流向。对于欧洲西部的旅游,学生会联想到欧洲西部的几个旅游胜地,如法国、德国、挪威、英国等。对于欧洲西部的景观,学生会从自然和人文两个方面来进行联想。对于欧洲西部发展历史,学生会从现代、近代、中世纪、古代四个不同时期进行扩展。整理之后阅读的顺序可自我设定,既能逆时针也可顺时针。本书只是展示到九方格的第二层,在实际操作中可以根据自己知识储备情况无限向外延展,如图 6.20 所示。

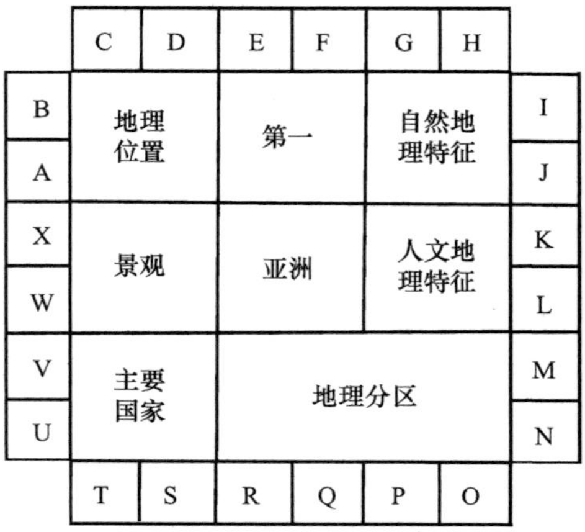

	C	D	E	F	G	H	
B	地理位置		第一		自然地理特征		I
A							J
X	景观		亚洲		人文地理特征		K
W							L
V	主要国家		地理分区				M
U							N
	T	S	R	Q	P	O	

A.半球位置；B.纬度位置；
C.经度位置；D.相对位置；
E.面积；F.距离；G.地形；
H.地势；I.气候；J.河流；
K.人口；L.经济；M.东亚；
N.东南亚；O.南亚；P.西亚；
Q.北亚；R.中亚；S.中国；
T.印度；U.韩国；V.日本；
W.自然；X.人文

图 6.19 大洲尺度的九方格整合法——以"亚洲"为例

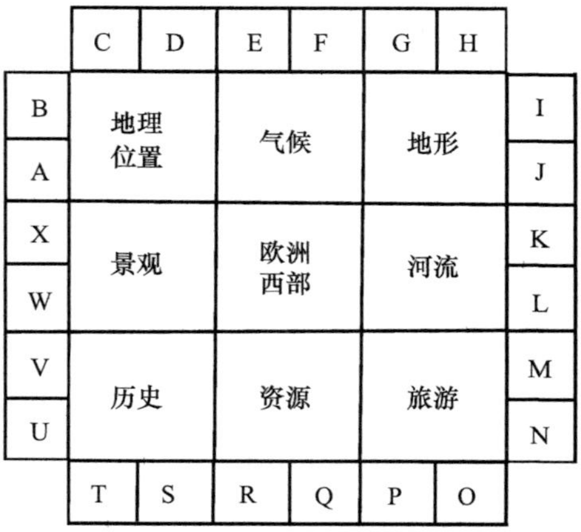

	C	D	E	F	G	H	
B	地理位置		气候		地形		I
A							J
X	景观		欧洲西部		河流		K
W							L
V	历史		资源		旅游		M
U							N
	T	S	R	Q	P	O	

A.范围；B.海陆；C.经纬；
D.半球；E.类型；F.影响因素；
G.高原；H.山地；I.平原；
J.丘陵；K.名称；L.流向；
M.法国；N.德国；O.挪威；
P.英国；Q.工业；R.农业；
S.现代；T.近代；U.中世纪；
V.古代；W.自然；X.人文

图 6.20 地区尺度的九方格整合法(一)——以"欧洲西部"为例

本书地区尺度的第二个案例是以"黄土高原"为例,使用九方格整合法进行知识构建。对于黄土高原,学生会联想到其地理位置、范围、气候、景观、文明、风成黄土、水土流失及其对应的治理措施。对于地理位置和范围,学生会联想到分析一个地区的地理位置的方法、黄土高原所属地理区域及其包含的省份。对于黄土景观,学生首先会想到其千沟万壑的地表景观。对于黄土文明,学生知道黄土高原是文明的摇篮,因此,可能从黄土文化和黄土风情两个方面来整合。对于黄土高原的气候,学生可能会从气温、降水、类型、特征等来构建。对于黄土高原的形成原因,学生可能会从黄土来源和黄土成分来整合。对于黄土高原水土流失问题及其治理措施,学生可能会从其成因、危害、对于水土流失国家制定的政策、治理水土流失采取的生物措施和工程措施等。整理之后阅读的顺序可自我设定,既能逆时针也可顺时针。本书只是展示到九方格的第二层,在实际操作中可以根据自己知识储备情况无限向外延展,如图 6.21 所示。

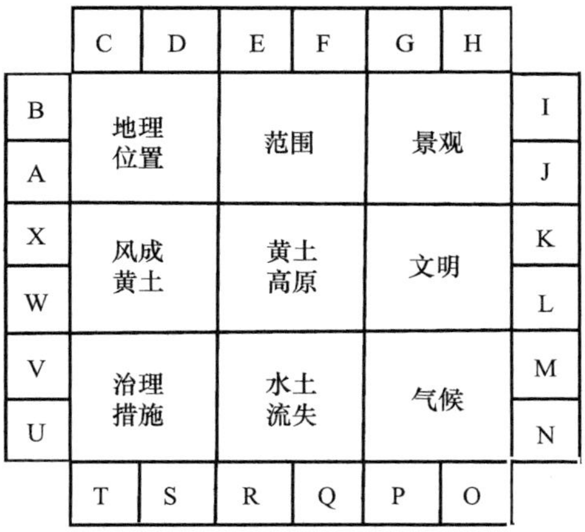

	C	D	E	F	G	H	
B	地理位置		范围		景观		I
A							J
X	风成黄土		黄土高原		文明		K
W							L
V	治理措施		水土流失		气候		M
U							N
	T	S	R	Q	P	O	

A.半球;B.纬度;C.经度;D.海陆;E.所属地理区域;F.包含省份;G.塬;H.墚;I.峁;J.川;K.黄土文化;L.黄土风情;M.气温;N.降水;O.类型;P.特征;Q.成因;R.危害;S.政策;T.生物措施;U.工程措施;V.合理活动;W.黄土来源;X.黄土成分

图 6.21　地区尺度的九方格整合法（二）——以"黄土高原"为例

③ 国家——以"俄罗斯"为例

本书国家尺度的案例是以"俄罗斯"为例,使用九方格整合法进行知识构建。俄罗斯是世界上面积最大的国家,前面学习过如何描述一个地区的范围,因此,学生可能会联想到可以从面积、所跨纬度范围和东西距离三个方面来描述俄罗斯的范围。对于俄罗斯的气候、地形地势、自然资源等自然地理特征,经过前期的学习学生会知道从类型、特征、分布、影响因素等方面进行扩展。由于俄罗斯的工业受其自然资源的影响,以重工业为主,而轻工业比较落后。自然资源、工业及交通三者是相互影响的,对于交通,学生可能会联想到其分布、运输方式、影响因素等。至于景观,学生前面学习过亚洲,因此会从自然和人文两个不同的方面进行联想。整理之后阅读的顺序可自我设定,既能逆时针也可顺时针。本书只是展示到九方格的第二层,在实际操作中可以根据自己知识储备情况无限向外延展,如图 6.22 所示。

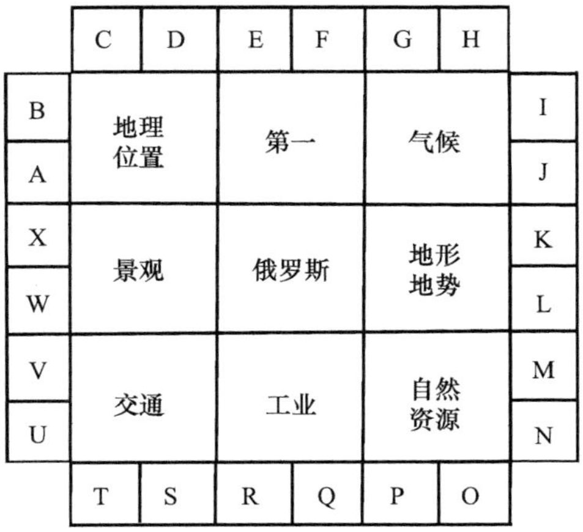

	C	D	E	F	G	H	
B	地理位置		第一		气候		I
A							J
X	景观		俄罗斯		地形地势		K
W							L
V	交通		工业		自然资源		M
U							N
	T	S	R	Q	P	O	

A.半球位置;B.纬度位置;C.经度位置;D.相对位置;E.面积;F.距离;G.类型;H.特征;I.分布;J.影响因素;K.地形类型;L.地势起伏;M.石油;N.天然气;O.煤;P.铁;Q.重工业;R.轻工业;S.分布;T.影响因素;U.客运方式;V.货运方式;W.自然;X.人文

图 6.22　国家尺度的九方格整合法——以"俄罗斯"为例

本书通过阐述 M-ACK 意义教学三种整合方法——编剧式整合法、思维整合法和格子整合法,向读者详细介绍在 M-ACK 意义教学中整合策略是如何实施的。

二、M-ACK 意义教学评价指标体系

评价是一个价值判断的过程,也是 M-ACK 意义教学中最重要的一步。评价对于评判教学结构中前几部分内容设置是否合理起着至关重要的作用。通过评价,我们可以反思教学是否符合社会发展需求,是否符合学生发展规律,是否达到教师预设的目标。如果达到目标则需要评价程度如何,是刚刚达标还是远远超过预定目标。如果没达标则要深刻反思是哪一个环节出了问题,按照结构一步步查找问题进而解决问题。因此,评价时要注意评价目的和原则的多样化,评价策略与方法的多元化,评价内容的标准化,评价结果的可视化和评价概念的国际化。评价标准要依据学习内容的不同特点,综合评定学生面对不同的情境时,在完成相应的学习任务过程中,所展现出的价值观、学习态度和学习能力,反映出核心素养的发展水平和课程目标实现的程度。教学评价指标体系的制定不仅有利于教师改进自己的教学,也有利于听课者从不同的角度思考自己的教学。在描述时要注意从不同情境(在什么情况下)、任务设定(做什么事情)、特征刻画(做得怎么样)、价值观(分析问题和解决问题秉持的理念和观点)、学习态度和学习能力(对知识的理解、地理工具的使用、运用所学解决实际问题)来评价其核心素养水平的高低。鉴于此,M-ACK 意义教学设立了教师和学生两个层面的评价指标体系。

(一)学生有意义学习评价指标体系

学生层面的评价分为他人评价和自我评价。他人评价是从四个方面来设置的,即应用、分析、综合和总结,实施者主要是教师。首先,应用评价方面包含三个三级指标——识记能力、知识建构能力和迁移能力,本书针对这三个三级指标,提出详细的评价细则,如表 6.1 所示。

表 6.1　M-ACK 意义教学学生应用评价指标(教师用表)

一级指标	二级指标	三级指标	评价细则	备注	完成程度
学生有意义学习评价	应用	识记能力	1. 强调理解基础上的识记并进行主动的知识构建	需要识记的具体内容	
		知识建构能力	2. 学生在有意义学习过程中,通过在新知识和原有知识之间建立联系,从而掌握复杂概念、深层知识等非结构化知识,最终达到知识的意义建构	1. 学生原有知识情况; 2. 学生新旧知识关联程度	
		迁移能力	3. 将学过的知识与当前问题联系起来,综合所学知识解决问题	对于相关的新问题解决程度	

其次,分析评价方面包含四个三级指标——关注焦点、投入程度、反思能力和学习动机,本书针对这四个三级指标,提出详细的评价细则,如表 6.2 所示。

表 6.2 M-ACK 意义教学学生分析评价指标(教师用表)

一级指标	二级指标	三级指标	评价细则	备注	完成程度
学生有意义学习评价	分析	关注焦点	1. 学生能够抓住问题的核心,理解概念的含义	需要理解的具体概念	
		投入程度	2. 学生注意力表现情况		
		反思能力	3. 在学习过程中能够不断反思总结自己的学习方式、学习方法和解题的思路等	课中和课后学生对某一问题的思考	
			4. 学生能够从反思中发现问题并作改进	课中和课后学生对某一问题的解决思路的变化	
		学习动机	5. 学生学习兴趣浓厚		

再次,综合评价方面包含两个三级指标——发现问题能力和创新知识能力,本书针对这两个三级指标,提出详细的评价细则,如表 6.3 所示。

表 6.3 M-ACK 意义教学学生综合评价指标(教师用表)

一级指标	二级指标	三级指标	评价细则	备注	完成程度
学生有意义学习评价	综合	发现问题能力	1. 善于从独特的角度观察和思考学习问题		
			2. 在教师的引导下能够有新的想法		
			3. 能够根据学习情况不断调节自己的学习策略和学习方法	对于一节课来说是特指学习态度;对于一段时间的学习来说特指学习方法	
			4. 能够根据目标制定科学的计划,具有良好的协调性	通过谈话了解学生预习、复习、作业等所需时间	
		创新知识能力	5. 能够深刻认识学习问题,把握学习问题的内在逻辑	知识整合质量	
			6. 能够灵活运用所学知识解决学习中遇到的问题,不拘泥于形式		

最后,总结评价方面包含三个三级指标——诊断性总结、形成性总结和综合性总结,本书针对这三个三级指标,提出详细的评价细则,如表 6.4 所示。

表 6.4 M-ACK 意义教学学生总结评价指标(教师用表)

一级指标	二级指标	三级指标	评价细则	备注	完成程度
学生有意义学习评价	总结	诊断性总结	1. 学生根据现有自身学习水平和学习要求,对先前知识和学习策略进行定位与改进	对前面所学知识掌握情况	
		形成性总结	2. 能够对周遭的学习环境、学习资源及学习共同体(同伴)进行较准确的分析	通过访谈了解	
		综合性总结	3. 在每堂课束后常常有新的感受	可通过学生自评表了解	
			4. 对自身的学习过程做出科学、客观的评价		

学生有意义评价指标体系中的完成程度分为五级,分别是完全达不成、达成 25%、达成 50%、达成 75%、完全达成。"完全达不成"记为 0,"达成 25%"记为 1,"达成 50%"记为 2,"达

成 75%"记为 3,"完全达成"记为 4,总计得分越高说明学生完成得越好。

本书除了设计学生有意义学习他人评价指标之外,还根据课标内容设计了学生有意义学习自我评价表。图 6.23 为课标"结合地形观察,说出等高线地形图、分层设色地形图表示地形的方法;在地形图上识别一些基本地形"学生自评表,通过此表学生能够知道自己需要掌握的知识,并学会自我评价。教师也可通过此表分析自己教学任务完成情况。如果自我评价与实际学习情况有偏差,则需要教师探明原因。

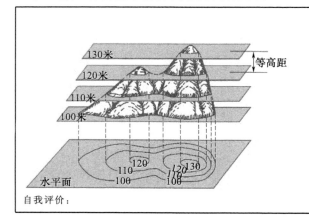

评分标准:完全不懂 0 分;看书后能够完成练习 1 分;不看书能够完全弄懂 2 分。

1. 能否在地形图上判断某一点的海拔,计算两地间的相对高度。(   )

2. 是否了解等高线地形图的绘制过程。(   )

3. 能否判断坡度的陡缓。(   )

4. 能否准确地识别等高线地形图上山脊、山谷、鞍部、陡崖和山顶五种山体。(   )

5. 能否在地形图上识别山地、高原、平原、盆地、丘陵五种主要的地形类型。(   )

自我评价:

图 6.23　"地形图的判读"学生自我评价表

(二)教师有意义教学评价指标体系

教师层面的评价也分为他人评价和自我评价,两种评价使用同一个教学评价指标体系。教师层面的评价也是从四个方面来设置的,即教学准备、教学实施、教学评价反思和教学创新四个方面来评价。首先,教学准备评价包含三个二级指标——有意义教学基本知识和能力、学科思维主导的教学设计和教学资源设计准备。本书针对这三个二级指标,提出相应的三级指标及详细的评价细则,如表 6.5 所示。

表 6.5　M-ACK 意义教学教师教学准备评价指标

一级指标	二级指标	三级指标	评价细则	完成程度	备注
有意义教学准备	有意义教学基本知识和能力	有意义教学意识	1. 教师了解 M-ACK 对教学的重要性并积极应用到课堂教学中		使用访谈法
			2. 教师了解 M-ACK 意义教学的基本理念及其教学策略,并积极应用到课堂教学中		
		有意义教学基本知识和技能	3. 熟悉地理实验和制作微课(先行组织者)等相关教学软件或器具的基本操作。熟练掌握知识地图、知识结构图的绘制等		
			4. 教师具有识别新旧知识关系的知识和能力,能够为建构上位、下位和并列结合构建模式做足准备		

一级指标	二级指标	三级指标	评价细则	完成程度	备注
有意义教学准备	学科思维主导的教学设计	教学分析能力	5. 教师能够准确解读课程标准		
			6. 教师能够清楚详述与 M-ACK 意义教学相融合的核心素养目标		
			7. 对学习者的特征进行分析,能够了解学生的思维习惯、起点水平、数字化学习能力等		
			8. 教师能够提出与地理学科内容相关的开放性或者半开放性问题并能够进行积极的引导		
		学科思维技术评估设计能力	9. 基于学生的认知水平、思维特点设计具有科学性、可操作性、地理学科思维表现性的主题情境和活动		
			10. 设计的主题情境和活动是否具有连贯性和逻辑性		
			11. 能够基于学生思维特点设计与地理教学内容相关的拓展思考题		
	教学资源设计准备	教学资源获取	12. 教师熟悉获取学科资源的来源渠道,能够辨别资料的可信度		
		教学资源设计	13. 教师能够利用地理学科画图工具,制作地图和相关的案例资源		

其次,教学实施评价包含两个二级指标——有意义教学活动应用和教学组织管理能力。本书针对这两个二级指标,提出相应的三级指标及详细的评价细则,如表 6.6 所示。

表 6.6　M-ACK 意义教学教师教学实施评价指标

一级指标	二级指标	三级指标	评价细则	完成程度	备注
有意义教学实施	有意义教学活动应用	先行组织者策略	1. 了解先行组织者的含义,掌握学生关于新知识的相关经验		
			2. 教师设计先行组织者,并妥善运用于教学过程中		
		认知构建策略	3. 教学过程中,教师利用上位构建促进学生总结归纳能力的发展		
			4. 教学过程中,教师利用下位构建帮助学生进行类属知识的学习		
			5. 教学过程中,教师利用并列结合构建促进学生通过对比分析学习不同地理事物之间的异同点,培养其综合思维		
		整合策略	6. 通过整合法帮助学生构建新旧知识		
	教学组织管理能力	监控	7. 教学过程中,教师能够妥善处理课堂中因技术原因出现的意外情况		
		管理	8. 教师能够有效避免因学生交流谈论出现课堂教学的混乱情况		

再次，教学评价反思包含两个二级指标——有意义教学评价反馈和有意义教学反思交流。本书针对这两个二级指标，提出相应的三级指标及详细的评价细则，如表 6.7 所示。

表 6.7　M-ACK 意义教学教师教学评价反思指标

一级指标	二级指标	三级指标	评价细则	完成程度	备注
有意义教学评价反思	有意义教学评价反馈	学生评价	1. 教师注重学生学习过程的评价		
			2. 教师依据学生的特点制定多样化的评价标准		
			3. 教师有效把握学生的思维状况，了解学生的疑问		
			4. 教师能够开展多种方式的学习效果监测与评估活动		
		教师自我评价	5. 教师自我评价意识强，及时调整教学策略		
	有意义教学反思交流	反思	6. 教师借助信息技术手段记录教学过程，依照 M-ACK 教学模式中的每个结构反思教学中的不足之处		
		交流	7. 教师积极与同事交流教学经验，并针对不足积极调整教学策略		

最后，教学创新评价包含三个二级指标——有意义教学创新理念、个性化学习指导的创新和有意义教学反思与评价创新。本书根据这三个二级指标，提出相应的三级指标及详细的评价细则，如表 6.8 所示。

表 6.8　M-ACK 意义教学教师教学创新评价指标

一级指标	二级指标	三级指标	评价细则	完成程度	备注
有意义教学创新	有意义教学创新理念	教学认识	1. 教师依据教学实际改进和完善已有的认知		
		教学理念	2. 教师愿意接受新的、先进的教学理念		
		教学思考	3. 教师善于从新的角度思考教学问题		
		教学过程	4. 教师能够积极探索和尝试将新的教学方法应用到课堂教学中		
		教学方法	5. 教师形成具有个人特点的教学风格		
			6. 教师能够以幽默的方式化解课堂中的意外情况		
	个性化学习指导的创新	观点表达	7. 教师鼓励学生自由表达自己的看法，允许多种观点存在		
		布置任务	8. 教师根据教学内容设置开放性的学习任务		

一级指标	二级指标	三级指标	评价细则	完成程度	备注
有意义教学创新	个性化学习指导的创新	思维启发	9. 教学思维启发性、引导性较好,能够激发学生的新思想		
			10. 教师积极引导学生个性化学习,培养学生的创新思维		
	有意义教学反思与评价创新	思考	11. 教师在课堂结束时,会产生新的思考		
		总结	12. 教师总结学生奇思妙想的表现		
		反思	13. 教师能够从不同角度反思本次课的教学过程		
		评价	14. 教师能够给予学生对课堂形式、教学内容、教师等评价的机会		

教师有意义评价指标体系中的完成程度同样分为五级,分别是完全达不成(达标人数低于全班总人数的 20%),达成一部分(一部分特指本班学生总数的 20%～40%),达成一半(一半特指本班学生总数的 40%～60%),达成大部分(大部分特指本班学生总数的 60%～90%),完全达成(达标人数高于全班总人数的 90%)。"完全达不成"记为 0,"达成一部分"记为 1,"达成一半"记为 2,"达成大部分"记为 3,"完全达成"记为 4,总计得分越高,说明教师教学工作完成得越好。

(三)学生有意义教学评价案例

1. 地理要素——以"地球的运动"为例

地球的运动对应两条课标,分别是运用地球仪或软件,演示地球的自转、公转运动,说出地球自转和公转的方向、周期;结合实例,说出地球自转、公转产生的主要自然现象及其对人们生产生活的影响。本节内容是初、高中自然地理内容的基础,也是深入分析人文地理和区域地理内容的前提。具体的评价细则如表 6.9 所示。

表 6.9 "地球的运动"学生评价指标细则

一级指标	二级指标	三级指标	评价细则	备注	完成程度
学生有意义学习评价	应用	识记能力	1. 强调理解基础上的识记并进行主动的知识构建	地球自转的定义、周期、方向及产生现象;地球公转的定义、周期、方向及产生现象	
		知识建构能力	2. 学生在有意义学习过程中,通过在新知识和原有知识之间建立联系,从而掌握复杂概念、深层知识等非结构化知识,最终达到知识的意义建构	在小学科学课上学生已经学习"地球运动的方向和周期"这一知识;与地球运动相关的自然现象和生活经验	
		迁移能力	3. 将学过的知识与当前问题联系起来,综合所学知识解决问题	对于相关的新问题解决程度	

续表

一级指标	二级指标	三级指标	评价细则	备注	完成程度
学生有意义学习评价	分析	关注焦点	4. 学生能够抓住问题的核心，理解概念的含义	用地球仪或软件演示地球自转和公转；用实例说明地球的自转和公转	
		投入程度	5. 学生注意力表现情况	教学活动的参与度	
		反思能力	6. 在学习过程中能够不断反思总结自己的学习方式、学习方法和解题的思路等	课中和课后学生对地球运动中某一问题提出自己的思考	
			7. 学生能够从反思中发现问题并作改进	课中和课后学生对地球运动中某一问题解决思路的变化	
		学习动机	8. 学生学习兴趣浓厚	教学活动的参与度	
	综合	发现问题能力	9. 善于从独特的角度观察和思考学习问题	能否从不同的角度提出自己的见解	
			10. 在教师的引导下能够有新的想法		
			11. 能够根据学习情况不断调节自己的学习策略和学习方法	本堂课的学习态度；学生能够厘清地球运动中体现出的逻辑关系	
			12. 能够根据目标制定科学的计划，具有良好的协调性	通过谈话了解学生预习、复习、作业等所需时间	
		创新知识能力	13. 能够深刻认识学习问题，把握学习问题的内在逻辑	知识整合质量	
			14. 能够灵活运用所学知识解决学习中遇到的问题，不拘泥于形式	学生练习中所呈现的问题	
	总结	诊断性总结	15. 学生根据现有自身学习水平和学习要求，对先前知识和学习策略进行定位与改进	对于在小学科学课上已经学习过的"地球运动的方向和周期"这一知识的掌握情况	
		形成性总结	16. 能够对周遭的学习环境、学习资源及学习共同体（同伴）进行较准确的分析	通过访谈了解	
		综合性总结	17. 在每堂课结束后常常有新的感受	可通过学生自评表、前测和后测对比了解	
			18. 对自身的学习过程做出科学、客观的评价		

2. 不同空间尺度的区域

（1）大洲

本书大洲选取的案例是亚洲，对应的课标为"运用地图和相关资料，描述某大洲的地理位置,并依据大洲地理位置特点,判断大洲所处热量带和降水的空间分布概况;运用地图和相关资料,简要归纳某大洲的地形、气候、人口、经济等地理特征"。亚洲的学习不仅可以帮助同学们将所学的地形、河流、气候等知识运用于某一个具体的区域,同时也为后面学习其他地区和国家提供了基本方法。具体的评价细则如表 6.10 所示。

表 6.10　"亚洲"学生评价指标细则

一级指标	二级指标	三级指标	评价细则	备注	完成程度
学生有意义学习评价	应用	识记能力	1. 强调理解基础上的识记并进行主动的知识构建	大洲大洋名称,分区名称	
		知识建构能力	2. 学生在有意义学习过程中,通过在新知识和原有知识之间建立联系,从而掌握复杂概念、深层知识等非结构化知识,最终达到知识的意义建构	可以从半球位置、海陆位置和经纬度位置等方面来描述一个地区的地理位置。而半球的划分、经纬度的判读、地图上方向的判读和大洲大洋的分布是原有知识	
		迁移能力	3. 将学过的知识与当前问题联系起来,综合所学知识解决问题	能否读出其他大洲的地理位置;能否使用纬度、海陆位置判断大洲所处热量带和降水的空间分布概况	
	分析	关注焦点	4. 学生能够抓住问题的核心,理解概念的含义	分析某区域地理位置的方法;地理位置、自然环境、人文环境之间的联系	
		投入程度	5. 学生注意力表现情况	教学活动的参与度	
		反思能力	6. 在学习过程中能够不断反思总结自己的学习方式、学习方法和解题的思路等	课中和课后学生对亚洲具体某一问题提出自己的思考	
			7. 学生能够从反思中发现问题并作改进	课中和课后学生对亚洲具体某一问题解决思路的变化	
		学习动机	8. 学生学习兴趣浓厚	教学活动的参与度	
	综合	发现问题能力	9. 善于从独特的角度观察和思考学习问题	能否从不同的角度提出自己的见解	
			10. 在教师的引导下能够有新的想法		
			11. 能够根据学习情况不断调节自己的学习策略和学习方法	前测和后测对比	
			12. 能够根据目标制定科学的计划,具有良好的协调性	通过谈话了解学生预习、复习、作业等所需时间	
		创新知识能力	13. 能够深刻认识学习问题,把握学习问题的内在逻辑	知识整合质量	
			14. 能够灵活运用所学知识解决学习中遇到的问题,不拘泥于形式	学生练习中所呈现的问题	

续表

一级指标	二级指标	三级指标	评价细则	备注	完成程度
学生有意义学习评价	总结	诊断性总结	15. 学生根据现有自身学习水平和学习要求，对先前知识和学习策略进行定位与改进	前测和后测对比	
		形成性总结	16. 能够对周遭的学习环境、学习资源及学习共同体（同伴）进行较准确的分析	通过访谈了解	
		综合性总结	17. 在每堂课结束后常常有新的感受	可通过学生自评表了解	
			18. 对自身的学习过程做出科学、客观的评价		

（2）国家——以"美国"为例

美国是世界上最具影响力的国家之一，其对应的课标为"运用地图和相关资料，说出某国家的地理位置、范围、领土构成和首都，联系某国家的自然地理环境特点，结合实例简要分析该国因地制宜发展经济的途径"。具体的评价细则如表 6.11 所示。

表 6.11　"美国"学生评价指标细则

一级指标	二级指标	三级指标	评价细则	备注	完成程度
学生有意义学习评价	应用	识记能力	1. 强调理解基础上的识记并进行主动的知识构建	美国的地理位置和领土组成、种族特点、农业发展的特点	
		知识建构能力	2. 学生在有意义学习过程中，通过在新知识和原有知识之间建立联系，从而掌握复杂概念、深层知识等非结构化知识，最终达到知识的意义建构	前面章节已经学习过分析一个地区地理位置和范围的方法；如何分析一个地区的气候特征；五种地形类型及其特征	
		迁移能力	3. 将学过的知识与当前问题联系起来，综合所学知识解决问题	对于相关的新问题解决程度	
	分析	关注焦点	4. 学生能够抓住问题的核心，理解概念的含义	运用地图，说出美国的地理位置、范围、领土构成和首都；根据地图和其他资料说出美国的自然地理环境特点，并联系其自然地理环境特点，简要分析该国因地制宜发展农业的实例	
		投入程度	5. 学生注意力表现情况	教学活动的参与度	
		反思能力	6. 在学习过程中能够不断反思总结自己的学习方式、学习方法和解题的思路等	课中和课后学生对美国某一方面问题提出自己的思考	
			7. 学生能够从反思中发现问题并作改进	课中和课后学生对美国某一方面问题解决思路的变化	
		学习动机	8. 学生学习兴趣浓厚	教学活动的参与度	

一级指标	二级指标	三级指标	评价细则	备注	完成程度
学生有意义学习评价	综合	发现问题能力	9. 善于从独特的角度观察和思考学习问题	能否从不同的角度提出自己的见解	
			10. 在教师的引导下能够有新的想法		
			11. 能够根据学习情况不断调节自己的学习策略和学习方法	本堂课的学习态度;学生能够厘清美国在发展过程中其自然要素与人文要素之间的联系	
			12. 能够根据目标制定科学的计划,具有良好的协调性	通过谈话了解学生预习、复习、作业等所需时间	
		创新知识能力	13. 能够深刻认识学习问题,把握学习问题的内在逻辑	知识整合质量	
			14. 能够灵活运用所学知识解决学习中遇到的问题,不拘泥于形式	学生练习中所呈现的问题	
	总结	诊断性总结	15. 学生根据现有自身学习水平和学习要求,对先前知识和学习策略进行定位与改进	对于前面章节已经学习过的分析一个地区地理位置和范围的方法,分析一个地区的气候特征的方法,五种地形类型及其特征、人口和人种等相关知识的掌握情况	
		形成性总结	16. 能够对周遭的学习环境、学习资源及学习共同体(同伴)进行较准确的分析	通过访谈了解	
		综合性总结	17. 在每堂课结束后常常有新的感受	可通过学生自评表、前测和后测对比了解	
			18. 对自身的学习过程做出科学、客观的评价		

（3）地区——以"香港和澳门"为例

香港、澳门是我国的领土,在经历了百年的沦落和沧桑后,终于在 20 世纪 90 年代回归祖国,是我国的两个特别行政区。其对应的课标为"运用地图和相关资料,说明香港、澳门的自然地理、历史文化传统和经济建设特点,以及港澳与内地经济发展的相互促进作用,增强区域联系的意识"。具体的评价细则如表 6.12 所示。

表 6.12　"香港和澳门"学生评价指标细则

一级指标	二级指标	三级指标	评分细则	备注	完成程度
学生有意义学习评价	应用	识记能力	1. 强调理解基础上的识记并进行主动的知识构建	港澳地区的位置和范围;"一国两制"政策;港澳地区与祖国内地之间的经济联系	
		知识建构能力	2. 学生在有意义学习过程中,通过在新知识和原有知识之间建立联系,从而掌握复杂概念、深层知识等非结构化知识,最终达到知识的意义建构	前面章节已经学习过香港和澳门是我国不可分割的一部分,是我国的两个特别行政区,实行"一国两制";分析气温和降水的方法;地形的种类和各类地形的特征;南方地区的范围及自然特征	
		迁移能力	3. 将学过的知识与当前问题联系起来,综合所学知识解决问题	对于相关的新问题解决程度	
	分析	关注焦点	4. 学生能够抓住问题的核心,理解概念的含义	了解我国实施的"一国两制"政策;根据相关资料,了解历史文化传统和经济建设特点;举例说明港澳与祖国内地多方面的密切联系,分析这些联系对祖国内地和港澳经济发展的促进作用	
		投入程度	5. 学生注意力表现情况	教学活动的参与度	
		反思能力	6. 在学习过程中能够不断反思总结自己的学习方式、学习方法和解题的思路等	课中和课后学生对港澳地区某一方面问题提出自己的思考	
			7. 学生能够从反思中发现问题并作改进	课中和课后学生对港澳地区某一方面问题解决思路的变化	
		学习动机	8. 学生学习兴趣浓厚	教学活动的参与度	
	综合	发现问题能力	9. 善于从独特的角度观察和思考学习问题	能否从不同的角度提出自己的见解	
			10. 在教师的引导下能够有新的想法		
			11. 能够根据学习情况不断调节自己的学习策略和学习方法	本堂课的学习态度;学生能够厘清港澳地区在发展过程中其自然要素与人文要素之间的联系	
			12. 能够根据目标制定科学的计划,具有良好的协调性	通过谈话了解学生预习、复习、作业等所需时间	
		创新知识能力	13. 能够深刻认识学习问题,把握学习问题的内在逻辑	知识整合质量	
			14. 能够灵活运用所学知识解决学习中遇到的问题,不拘泥于形式	学生练习中所呈现的问题	

续表

一级指标	二级指标	三级指标	评分细则	备注	完成程度
学生有意义学习评价	总结	诊断性总结	15. 学生根据现有自身学习水平和学习要求,对先前知识和学习策略进行定位与改进	对于前面章节已经学习过的分析气温和降水的方法、地形的种类和各类地形的特征、南方地区的范围及自然特征等相关知识的掌握情况	
		形成性总结	16. 能够对周遭的学习环境、学习资源及学习共同体(同伴)进行较准确的分析	通过访谈了解	
		综合性总结	17. 在每堂课结束后常常有新的感受	可通过学生自评表、前测和后测对比了解	
			18. 对自身的学习过程做出科学、客观的评价		

(四)教师有意义教学评价案例

1. 地理要素——以"大洲和大洋"为例

"大洲和大洋"对应的课标为"阅读世界地图,描述世界海陆分布状况,说出七大洲、四大洋的分布"。课标强调"阅读"地图,"描述海陆分布特点"实际上是学生根据地图对海陆分布进行归纳所得出的具体结论。最基本的结论是海陆分布不均匀,还可以更详细一点,比如:陆地主要集中在北半球,海洋大多分布在南半球,北极周围是海洋,南极附近是陆地。这里需要注意的是,常有学生会这样描述:北半球以陆地为主,南半球以海洋为主。显然,前半句是错误的,因为无论怎样划分,地球任何两个大小相等的半球,都是海洋面积大于陆地。"说出七大洲、四大洋的分布"首先在说出大洲和大洋的分布之前,要给学生进行大洲与大陆、大洋与海的界定或区分。其次,"说出"是有层次的。最基本的是能够说出每个大洲和大洋的名字;再高一点是能够说出每个大洲和大洋的"邻居"及大洲之间的分界线;最高层次是能够说出大洲和大洋所在的半球或者说出重要的经纬线所穿过的大洲和大洋。显然,这些并不是一课时就能达成的,需要在以后的学习中逐渐加深。具体的评价细则如表 6.13 所示。

表 6.13 "大洲和大洋"教师评价指标细则

一级指标	二级指标	三级指标	评价细则	完成程度	备注
有意义教学准备	有意义教学基本知识和能力	有意义教学意识	1. 教师了解 M-ACK 对教学的重要性并积极应用到课堂教学中		访谈方式了解教师对 M-ACK 教学的意义、知识观、理念、教学结构和实施策略的掌握情况
			2. 教师了解 M-ACK 意义教学的基本理念及其教学策略,并积极应用到课堂教学中		

一级指标	二级指标	三级指标	评价细则	完成程度	备注
有意义教学准备	有意义教学基本知识和能力	有意义教学基本知识和技能	3. 熟悉地理实验和制作微课（先行组织者）等相关教学软件或器具的基本操作。熟练掌握知识地图、知识结构图的绘制等		教师使用先行组织者的形式；教师掌握学生原有经验的情况。本节学生需要具备的经验为通过简单方法估算并说出地球表面海、陆所占的比例；运用地图描述地球表面海陆分布特点；了解人类认识地球面貌的历程
			4. 教师具有识别新旧知识关系的知识和能力，能够为建构上位、下位和并列结合构建模式做足准备		
	学科思维主导的教学设计	教学分析能力	5. 教师能够准确解读课程标准		本节的课程标准为运用世界地图，描述世界海陆分布状况；运用世界地图说出七大洲、四大洋的分布。本节学生原有经验为知道地球上海洋面积大于陆地面积；知道地球上有陆地和海洋之分；知道部分大洲、大洋的名称
			6. 教师能够清楚详述与 M-ACK 意义教学相融合的核心素养目标		
			7. 对学习者的特征进行分析，能够了解学生的思维习惯、起点水平、数字化学习能力等		
			8. 教师能够提出与地理学科内容相关的开放性或者半开放性问题并能够进行积极的引导		
		学科思维技术评估设计能力	9. 基于学生的认知水平、思维特点设计具有科学性、可操作性、地理学科思维表现性的主题情境和活动		评价关键在于教师设计的主题和活动的连贯性和逻辑性；教师提出的问题是否具有地理性，能够培养学生地理思维
			10. 设计的主题情境和活动是否具有连贯性和逻辑性		
			11. 能够基于学生思维特点设计与地理教学内容相关的拓展思考题		
	教学资源设计准备	教学资源获取	12. 教师熟悉获取学科资源的来源渠道，能够辨别资料的可信度		教学过程中所呈现资料的时效性和科学性
		教学资源设计	13. 教师能够利用地理学科画图工具，制作地图和相关的案例资源		相关资料和板书

续表

一级指标	二级指标	三级指标	评价细则	完成程度	备注
有意义教学实施	有意义教学活动应用	先行组织者策略	14. 了解先行组织者的含义，掌握学生关于新知识的相关经验		先行组织者设计和使用情况，情境构建情况
			15. 教师设计先行组织者，并妥善运用于教学过程中		
		认知构建策略	16. 教学过程中，教师利用上位构建促进学生总结归纳能力的发展		教师详细了解学生原有经验与新知识之间的关系，选择相应的上位、下位、并列结合构建的方式进行构建。教师能够根据知识构建之后所剩时间选择合适的方式进行知识整合；教师能够确保每个学生完成本节课知识框架的基本构建
			17. 教学过程中，教师利用下位构建帮助学生进行类属知识的学习		
			18. 教学过程中，教师利用并列结合构建促进学生通过对比分析学习不同地理事物之间的异同点，培养其综合思维		
		整合策略	19. 通过整合法帮助学生构建新旧知识		
	教学组织管理能力	监控	20. 教学过程中，教师能够妥善处理课堂中因技术原因出现的意外情况		课堂教学是否流畅、课堂纪律是否有所保障
		管理	21. 教师能够有效避免因学生交流谈论出现的课堂教学混乱		
有意义教学评价反思	有意义教学评价反馈	学生评价	22. 教师注重学生学习过程的评价		教师能够在教学实施过程中及课后对学生进行有效评价
			23. 教师依据学生的特点制定多样化的评价标准		
			24. 教师有效把握学生的思维状况，了解学生的疑问		
			25. 教师能够开展多种方式的学习效果监测与评估活动		
		教师自我评价	26. 教师自我评价意识强，及时调整教学策略		
	有意义教学反思交流	反思	27. 教师借助信息技术手段记录教学过程，依照 M-ACK 教学模式中的每个结构反思教学中的不足之处		教师能够进行有效自我反思（评价者通过自我评价表、教师的教学设计和实施反思进行综合评价）；教师能够根据反思调整自己的教学策略
		交流	28. 教师积极与同事交流教学经验，并针对不足积极调整教学策略		

续表

一级指标	二级指标	三级指标	评价细则	完成程度	备注
有意义教学创新	有意义教学创新理念	教学认识	29. 教师依据教学实际改进和完善已有的认知		教师以学生为主,教学具有一定的艺术性;对不同理念、不同的观点持有开放的态度;积极引导学生个性化学习,注重培养学生的地理思维和创新思维
		教学理念	30. 教师愿意接受新的、先进的教学理念		
		教学思考	31. 教师善于从新的角度思考教学问题		
		教学过程	32. 教师能够积极探索和尝试将新的教学方法应用到课堂教学中		
		教学方法	33. 教师形成具有个人特点的教学风格		
			34. 教师能够以幽默的方式化解课堂中的意外情况		
	个性化学习指导的创新	观点表达	35. 教师鼓励学生自由表达自己的看法,允许多种观点存在		
		布置任务	36. 教师根据教学内容设置开放性的学习任务		
		思维启发	37. 教学思维启发性、引导性较好,能够激发学生的新思想		
			38. 教师积极引导学生个性化学习,培养学生的创新思维		
	有意义教学反思与评价创新	思考	39. 教师在课堂结束时,会产生新的思考		教师能够肯定学生的奇思妙想并能够进行积极引导
		总结	40. 教师总结学生奇思妙想的表现		
		反思	41. 教师能够从不同角度反思本次课的教学过程		
		评价	42. 教师能够给予学生对课堂形式、教学内容、教师等评价的机会		

2. 区域——以"极地地区"为例

南极和北极地区是课标要求的必学区域,对应的课标为"根据南极、北极地区自然地理环境的特殊性,说明开展极地科学考察和保护极地环境的重要性"。其主旨是通过了解极地地区特殊的地理环境,理解两极地区是科学考察宝地,增强学生的环境保护意识、全球意识和可持续发展的观念。具体的评价细则如表 6.14 所示。

表 6.14　"极地地区"教师评价指标细则

一级指标	二级指标	三级指标	评价细则	完成程度	备注
有意义教学准备	有意义教学基本知识和能力	有意义教学意识	1. 教师了解 M-ACK 对教学的重要性并积极应用到课堂教学中		访谈方式了解教师对 M-ACK 教学的意义、知识观、理念、教学结构和实施策略
			2. 教师了解 M-ACK 意义教学的基本理念及其教学策略，并积极应用到课堂教学中		
		有意义教学基本知识和技能	3. 熟悉地理实验和制作微课（先行组织者）等相关教学软件或器具的基本操作。熟练掌握知识地图、知识结构图的绘制等		教师使用先行组织者的形式；教师掌握学生原有经验的情况。本节学生需要具备的经验为一个地区地理位置和范围的方法；极地地区的气候特点；经纬网在以两极为中心的地图上判断方向的方法；部分学生对极地地区有一定认知
			4. 教师具有识别新旧知识关系的知识和能力，能够为建构上位、下位和并列结合构建模式做足准备		
	学科思维主导的教学设计	教学分析能力	5. 教师能够准确解读课程标准		本节的课程标准为运用地图等资料简述某大洲的纬度位置和海陆位置；说出南、北极地区自然环境的特殊性，认识开展极地科学考察和保护极地环境的重要性。学生原有经验主要包含四个部分：分析一个地区地理位置和范围的方法；如何分析一个地区的气候特征；经纬网的相关知识；大洲大洋的相关知识
			6. 教师能够清楚详述与 M-ACK 意义教学相融合的核心素养目标		
			7. 对学习者的特征进行分析，能够了解学生的思维习惯、起点水平、数字化学习能力等		
			8. 教师能够提出与地理学科内容相关的开放性或者半开放性问题并能够进行积极的引导		
		学科思维技术评估设计能力	9. 基于学生的认知水平、思维特点设计具有科学性、可操作性、地理学科思维表现性的主题情境和活动		评价关键在于教师设计的主题和活动的连贯性、逻辑性；教师提出的问题是否具有地理性，能够培养学生地理区域认知和综合思维的能力
			10. 设计的主题情境和活动是否具有连贯性和逻辑性		
			11. 能够基于学生思维特点设计与地理教学内容相关的拓展思考题		
	教学资源设计准备	教学资源获取	12. 教师熟悉获取学科资源的来源渠道，能够辨别资料的可信度		教学过程中所呈现资料的时效性和科学性
		教学资源设计	13. 教师能够利用地理学科画图工具，制作地图和相关的案例资源		教师自制的教具、选择的资料和设计的板书

续表

一级指标	二级指标	三级指标	评价细则	完成程度	备注
有意义教学实施	有意义教学活动应用	先行组织者策略	14. 了解先行组织者的含义，掌握学生关于新知识的相关经验		先行组织者设计和使用、学生反馈情况
			15. 教师设计先行组织者，并妥善运用于教学过程中		
		认知构建策略	16. 教学过程中，教师利用上位构建促进学生总结归纳能力的发展		教师详细了解学生原有经验与新知识之间的关系，选择相应的上位、下位、并列结合构建的方式进行构建。教师能够根据知识构建之后所剩时间选择合适的方式进行知识整合；教师能够确保每个学生完成本节课知识框架的基本构建
			17. 教学过程中，教师利用下位构建帮助学生进行类属知识的学习		
			18. 教学过程中，教师利用并列结合构建促进学生通过对比分析学习不同地理事物之间的异同点，培养其综合思维		
		整合策略	19. 通过整合法帮助学生构建新旧知识		
	教学组织管理能力	监控	20. 教学过程中，教师能够妥善处理课堂中因技术原因出现的意外情况		课堂教学是否流畅、课堂纪律是否有所保障
		管理	21. 教师能够有效避免因学生交流谈论而出现的课堂教学的混乱		
有意义教学评价反思	有意义教学评价反馈	学生评价	22. 教师注重学生学习过程的评价		教师能够在教学实施过程中和课后对学生进行有效评价
			23. 教师依据学生的特点制定多样化的评价标准		
			24. 教师有效把握学生的思维状况，了解学生的疑问		
			25. 教师能够开展多种方式的学习效果监测与评估活动		
		教师自我评价	26. 教师自我评价意识强，及时调整教学策略		教师能够进行有效自我反思（评价者通过自我评价表、教师的教学设计和实施反思进行综合评价）；教师能够根据反思调整自己的教学策略
	有意义教学反思交流	反思	27. 教师借助信息技术手段记录教学过程，依照 M-ACK 教学模式中的每个结构反思教学中的不足之处		
		交流	28. 教师积极与同事交流教学经验，并针对不足积极调整教学策略		

续表

一级指标	二级指标	三级指标	评价细则	完成程度	备注
有意义教学创新	有意义教学创新理念	教学认识	29. 教师依据教学实际改进和完善已有的认知		教师以学生为主,教学具有一定的艺术性;对不同理念、不同的观点持有开放的态度;积极引导学生个性化学习,注重培养学生的地理思维和创新思维
		教学理念	30. 教师愿意接受新的、先进的教学理念		
		教学思考	31. 教师善于从新的角度思考教学问题		
		教学过程	32. 教师能够积极探索和尝试将新的教学方法应用到课堂教学中		
		教学方法	33. 教师形成具有个人特点的教学风格		
			34. 教师能够以幽默的方式化解课堂中的意外情况		
	个性化学习指导的创新	观点表达	35. 教师鼓励学生自由表达自己的看法,允许多种观点存在		
		布置任务	36. 教师根据教学内容设置开放性的学习任务		
		思维启发	37. 教学思维启发性、引导性较好,能够激发学生的新思想		
			38. 教师积极引导学生个性化学习,培养学生的创新思维		
	有意义教学反思与评价创新	思考	39. 教师在课堂结束时,会产生新的思考		教师能够给予学生有关极地地区的相关知识,引导学生进行深度学习,教师能够及时肯定学生的不同想法并进行积极引导
		总结	40. 教师总结学生奇思妙想的表现		
		反思	41. 教师能够从不同角度反思本次课的教学过程		
		评价	42. 教师能够给予学生对课堂形式、教学内容、教师等评价的机会		

综上所述,评价要以落实立德树人根本任务为目标,以核心素养的培育为宗旨,以课程目标、内容要求、学业质量标准为基本依据,注重将评价渗透到地理教学的各个环节,加强评价对教学过程中教与学的实时诊断作用,提高教学效率,增强教学效果。除此之外,要学会解释评价结果。评价结果的解释是对被评价人获得的成果的解读,针对不同学生和教师特有的情况,评价人对成果做出个性化、发展性的解读。很多学生和教师对他人给自己的评价是不理解的,因此,解释评价结果不仅能够使得被评价人了解自己具体的不足之处,也能在一定程度上帮助评价人不断修正自己的评价标准。

三、工具箱的开发

　　M-ACK 意义教学有配套的地理课程和若干工具化的课堂教学资源工具箱。工具箱中包含每节课的教学设计、学生先行组织者图册、学生自评表及与教案同步的教学材料和工具。M-ACK 意义教学工具箱有别于其他地理资源包的地方在于除了包含每节课所需各种图册之外，还包含了课程所需的、用于培养地理实践力的实验器材。

　　地理实践力的培养不仅要以课程标准、学生需求为基础，还应充分挖掘地理教材中的实践活动，如模拟实验、教具制作、气象观测、天文观测等来综合地培养学生的核心素养。对于初中学生来说，地理实践力的培养主要依靠日常的课堂教学。在日常课堂教学中地理实践力培养的主要方式就是地理模拟实验。地理模拟实验是使用一定实验器材及设备，人为地把所要学习的地理事物和地理现象及其变化过程表现出来，以获得和验证地理知识的方法，具有很强的直观性、探究性和实践性。为了方便教师培养学生的地理实践能力，M-ACK 意义教学工具箱中配备了每节课可能用到的实验器具供教师选用。本书以《地球的运动》实验为例进行详细介绍。

　　《地球的运动》是人教版七年级上册第一章《地球和地图》第二节的内容，本节课主要讲述地球自转和公转的概念、方向、周期及由此产生的地理现象。本节内容课程标准要求运用模型或者软件演示地球自转和公转，说出地球自转和公转的方向、周期。通过演示、观察地球的自转过程，结合实例理解昼夜更替、各地时间差异等现象与地球自转的关系；通过演示、观察地球的公转过程，结合实例理解白天太阳高低的变化、白昼和黑夜时间长短的变化、四季的形成、五带的划分等地理现象与地球公转的关系。通过演示地球的运动，初步建立地球自转和公转的空间概念，认识地球运动的特点（绕转中心、方向和周期），理解地球运动会产生的现象。对于本节内容我们可以使用工具箱中与之对应的地理模拟实验将其原因直观地表现出来，本节对应的地理模拟实验器具为地球运动仪。地球运动仪能够观察到地球运动的全过程，帮助学生更好地理解公转和自转对人类的生活有何影响。地球运动仪的器材有仪表盘、模拟地球仪、顶盘。仪表盘的底部有四个齿轮，利用四个齿轮组成了一个联动装置，使其在外力的作用下能达到让模拟地球仪随着仪表盘的转动而转动。随着仪表盘的转动，太阳直射光线会在南北回归线之间移动，外盘上黑色的箭头则会指出相应的节气和星座，如图 6.24 和图 6.25 所示。

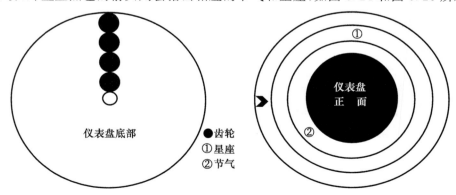

图 6.24　地球运动仪仪表盘示意图

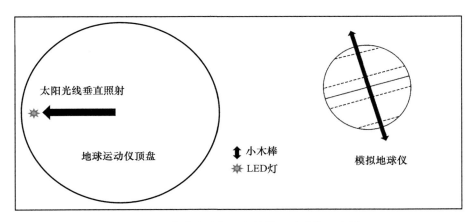

图 6.25　地球运动仪顶盘及模拟地球仪示意图

通过地球运动仪可以完成地球自转的演示、地球自转对地球形状影响的演示、昼夜交替现象的演示和地球公转的演示四个实验。

1. 地球自转演示实验

(1)实验原理

地球绕地轴自西向东旋转,从北极上空看呈逆时针方向旋转,从南极上空看呈顺时针方向旋转。自转过程中地轴指向北极星方向。

(2)实验步骤

①拿出器具,拼装地球运动仪。

②自西向东缓慢转动仪表盘,注意转动的起始点。

③分别从南北极上空观察地球自转方向,理解"北逆南顺"。

④完成实验记录单(表 6.15),在记录单上画出地球自转的侧视图和南北极俯视图,并标明地球自转方向。

表 6.15　地球自转观察绘制图表

地球自转侧视图	从北极上空观察到的俯视图
	从南极上空观察到的俯视图

(3)问题分析

① 地轴的指向是否发生了变化?

② 从南北极上空观察,地球的旋转方向相同吗?

(4)结论

地球自转方向为自西向东,从北极上空看呈逆时针方向旋转,从南极上空看呈顺时针方向旋转。地球自转时,地轴的指向基本不变,指向北极星。需要注意的是,某些学生可能在演示时对"自西向东"和"南北极上空观察"产生疑惑,因此,教师在实验时要及时予以反馈。

2. 地球自转对地球形状的影响演示实验

(1)实验原理

地球上每个地方都受到地球引力和惯性离心力的作用。因此,地球自转会使地球变成一个赤道较鼓、两极略扁的椭圆体。

（2）实验步骤

① 取 7 张长 50 厘米、宽 1.5 厘米的小纸条，将小纸条首尾相连并将相连处用胶水粘在模拟地球仪上，使其形成个圆圈。

② 逆时针快速旋转模拟地球仪上的小木棒，观察纸圆圈的形状变化。

（3）问题分析

① 转动过程中，纸圆圈的形状发生了什么变化？

② 为什么会发生这种变化？

（4）结论

快速转动后纸圆圈变成椭圆形。地球在转动过程中主要受到惯性离心力的影响，成为一个赤道较鼓、两极略扁的椭圆体。需要注意的是，为了节约时间，最好在实验前将纸圆圈粘好，纸圆圈的形状尽可能为正圆，且连接处一定要粘接牢固以防止模拟地球仪在旋转时纸圆圈脱落。

3. 昼夜交替现象的演示实验

（1）实验原理

地球是一个不发光也不透明的椭圆体。在同一时间，太阳只能照亮地球表面的一半，形成昼半球，与此同时，与太阳相背的半球则为夜半球。地球在不断自转的过程中会产生周期为一个太阳日的昼夜交替现象。

（2）实验目的

观察并理解昼夜交替现象。

（3）实验步骤

① 开启顶盖上的小灯泡，观察地球表面的昼夜分布情况。

② 用硬纸壳做一个与模拟地球仪直径相等的圆环来表示"晨昏圈"，并将其套在模拟地球仪上。

③ 将顶盖上小灯泡的光线与晨昏线保持垂直，观察地球表面的昼夜分布情况。

④ 转动仪表盘使得模拟地球仪按照自西向东的方向缓慢旋转，观察地球上的昼夜变化情况，判定并标记"晨线（红色）"和"昏线（黑线）"。

（4）问题分析

① 为什么会产生昼夜交替现象？

② 现实中的晨昏线与教材中的晨昏线有什么区别？

（5）结论

由于地球是一个不透明的球体，在同一时间内，太阳只能照亮地球表面的一半，出现了昼夜现象。又由于地球在不停地自转，形成昼夜交替现象。昼夜半球的分界线叫晨昏线，随着地球自转，从夜半球进入昼半球的分界线是晨线，从昼半球进入夜半球的分界线是昏线。因此，存在大气对太阳光的折射现象，所以在现实中晨昏圈是以带状的形式存在的。

4. 地球公转演示实验

（1）实验原理

地球绕太阳自西向东旋转，当太阳直射北回归线时北半球为夏季，当太阳直射赤道时北半球为春季或秋季，当太阳直射南回归线时北半球为冬季，南北半球季节相反。

（2）实验步骤

① 自西向东缓慢转动仪表盘，注意转动的起始点。

② 观察代表太阳直射点的小灯泡移动的方向,理解不同季节地面获得太阳光热的差异。

③ 完成实验记录单,在记录单上画出地球公转太阳直射点移动轨迹。

(3)问题分析

① 地球公转太阳直射点有何变化?

② 随着地球公转,地面获得太阳光热的差异?

(4)结论

地球公转方向为自西向东,当太阳直射北回归线时北半球为夏季,当太阳直射赤道时北半球为春季或秋季,当太阳直射南回归线时北半球为冬季,夏至前后一段时间地面获得的太阳光热较多,冬至前后一段时间地面获得的太阳光热较少,南北半球季节相反。需要注意的是,某些学生可能在演示时对"地面获得太阳光热的差异"产生疑惑,因此,教师在实验时要特别注意引导。

M-ACK 意义教学工具箱除了配备有实验器材之外,还有相应的区域地理游戏盒。游戏盒包含两种区域地理游戏,一个是世界地理,另一个是中国地理。游戏配件包括世界版图、中国版图、普通卡牌、危机卡牌、繁荣与昌盛卡牌、奇遇卡牌、经纬度旅行票、两个骰子及使用说明。普通卡牌主要涉及教材内容,其设置目的是为了帮助学生巩固和运用所学知识。危机卡牌主要展现时事要闻,其设置目的是为了引导学生关注时事新闻。繁荣与昌盛卡牌主要展现我国近几年的发展状况,其设置目的是为了培养学生的爱国情怀。奇遇卡牌也是问题牌,抽到奇遇卡牌的同学要对某一事件提问,其设置目的就是为了培养学生学会提问,见图 6.26。

亚洲	危机卡牌	奇遇卡牌	繁荣与昌盛卡牌
 观察地图,描述亚洲气候特征。	2011年,福岛第一核电站发生严重核事故,东电为冷却熔毁的机组堆芯持续向安全壳内注水,从而产生大量核污水。日本政府此前决定,将福岛核污水经过滤并稀释后排放入海,东电力争2023年春季前后开始排放。	某地区环境问题	第二十四届北京冬季奥林匹克运动会将倒计时与二十四节气巧妙结合,这是中国人独有的仪式感,雪花元素贯穿开幕式的始终,蕴含传统的中式美学。这场开幕式展现了中国人的价值观、世界观和自然观,彰显了中国的文化自信。

图 6.26　区域地理游戏卡牌示意图

区域地理游戏盒由于所耗时间较长,因此,一般不放在课堂上使用,而是作为课后辅助(或者作业)使用。

综上所述,M-ACK 意义教学工具箱不仅能够提供教学案例、先行组织者图册、教学材料、实验器材等来帮助教师更好地进行课堂教学,还能为学生提供课后帮助,使他们在"玩"中沉浸式学习。

第七章

案例分析

案例一:《影响气候的主要因素》[①]

本案例是人教版地理七年级上册第四章世界的气候第三节内容,一级主题隶属于"地球的表层",二级主题隶属于"自然环境"。按照 M-ACK 教学结构依次设计教学内容。

一、目标设定

(一)课标解读

1. 课标原文(表 7.1)
2. 行为动词分解

表 7.1　"影响气候的主要因素"的"内容要求"、"学业要求"和"教学提示"

项目	课标原文
内容要求	结合实例,说明纬度位置、海陆分布、地形等对气候的影响
学业要求	能够运用地图及其他地理工具,观察、描述地球表层陆地、海洋的基本面貌,说出地形、气候等自然环境要素的基本状况以及自然环境要素对人们生产生活的影响
教学提示	从情境中引发问题,再转化为解决问题的任务,促使学生在完成任务过程中领会和建构知识

将三者对比,分解并确定"内容要求"的行为动词、行为条件、行为程度,见表 7.2。

① 　本案例由贵州省教育科学规划 2021 年度重点课题《基于 M-ACK 模型的初中地理意义教学模式及其工具箱的开发与应用研究》主要参与者丁雯靖老师提供。

表 7.2 "内容要求""行为动词"分解表

内容要求	行为动词	行为条件	行为程度
结合实例,说明纬度位置、海陆分布、地形等对气候的影响	说明	结合案例。(案例即纬度位置影响气候的案例、海陆分布影响气候的案例、地形影响气候的案例、人类活动影响气候的案例)	第一层次是根据老师提供的案例进行说明。说明要找出影响的要素,分析如何影响。 第二层次即拔高的程度,是学生自己观察生活中的现象,自己举出实例并进行分析。(通常,大部分七年级学生只能达到第一层次。第二层次可作为课堂延伸内容。)

(二)教材内容分析

分析教材内容,其体现的逻辑关系如图 7.1 所示。

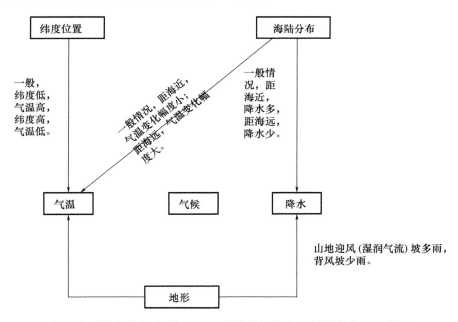

图 7.1 "纬度位置、海陆分布、地形等对气候的影响"逻辑关系示意图

(三)学习目标设定

本节的学习目标可设计为通过阅读各地气温曲线降水柱状图,分析归纳各地的气候差异;通过对比各地的位置等差异,分析纬度位置、海陆位置、地形等对气候的影响。

二、学情辨识

(一)前测卷的设计

本课需要学生原有经验是否能够读懂气候类型图和气温曲线降水柱状图,能够从图中读出不同类型气候的分布及具体某一地点的气候类型,从气温曲线降水柱状图中能够分析出某地的气候特征,知道影响气温和降水的因素大致有哪些。前测卷只要有20%的学生错到一半及以上,那就需要教师将此知识作为新知识进行教学。前测卷详见图7.2。

课标:结合实例,说明纬度位置、海陆分布、地形对气候的影响。

前　测　卷

阅读世界气候类型分布图和热带雨林气候、寒带气候、温带季风气候气温曲线和降水量柱状图,回答下列问题。

1. 请描述热带雨林气候、寒带气候、温带季风气候的分布特点。

2. 请描述这三种气候类型的气候特征。

3. 对比热带雨林气候和寒带气候,导致两种气候呈现明显差异的主导因素是什么?

图 7.2 "影响气候的主要因素"前测卷

(二)辨识学情

基于本节学习目标,辨识本节学情,如表7.3所示。

表 7.3 "影响气候的主要因素"辨识学情表

学生学情	所要分析内容			与新知识的关系
	知识	技能	社会规范	
已经学习过的相关知识	世界气温分布规律、世界降水分布规律、世界气候类型的分布规律	初步掌握了气温曲线降水柱状图的阅读方法	科学探究的精神	学生只有很清楚各个要素的分布规律(或者能清楚地描述出其位置),才能通过控制变量的区域位置对比法,分析出影响气候的因素。因此旧知识是新知识的先行组织者
生活经验	纬度位置、海陆分布的尺度太大,学生如果没有去过其他地方,就很难感知两者带来的差异。但是贵州地区的孩子爬过山,能感知地形对气温的影响			
学习类型	视觉型、动觉型为主			

本节内容教学结束之后需要设计后测卷。后测卷的作用有三点:首先,能够检测前期的辨识学情是否准确,便于教师得到有效反馈并及时完善;其次,后测卷能够同时作为学生的课堂作业用来检验学生的学习情况;最后,后测卷还能作为下一次教学的前测卷,用来探明学生的原有经验的同时减轻教师教学负担。

(三)后测卷的设计(图 7.3)

课标:结合实例,说明纬度位置、海陆分布、地形对气候的影响。

后 测 卷

1. 乞力马扎罗山位于赤道附近,山顶终年积雪,其影响因素是(　　)。但雪峰奇景正以惊人的速度逐渐消亡,主要的影响因素是(　　)。

  A. 纬度位置   B. 地形地势   C. 海陆位置   D. 人类活动

2. 读世界气候类型分布图和 ABCD 四地气温曲线、降水柱状图,回答下列问题。

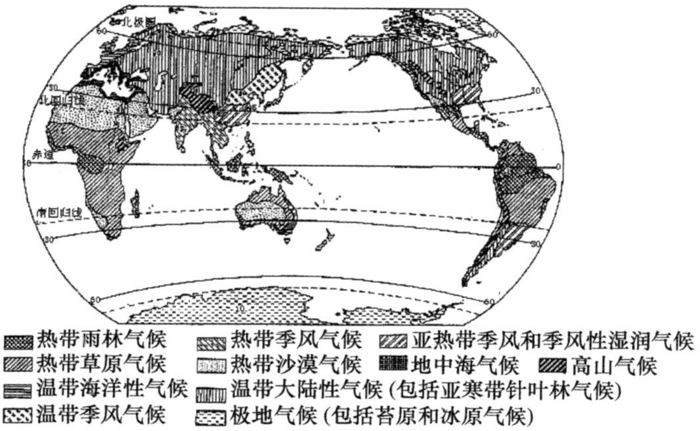

世界气候类型分布图

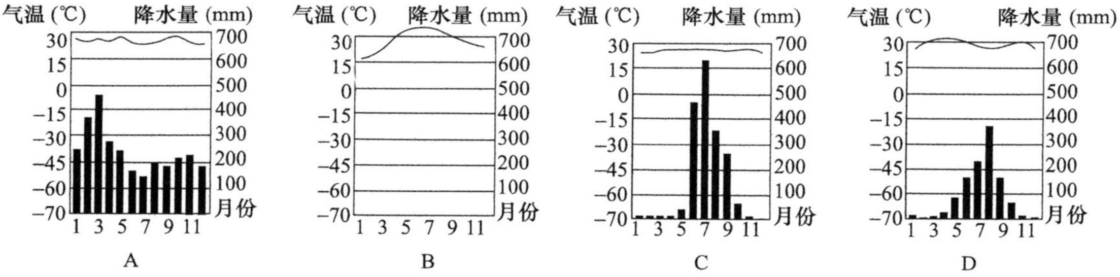

(1)影响温带海洋性气候、地中海气候和热带沙漠气候三种气候类型气温变化的主要因素是_____,世界气温分布的一般规律是_____。

(2)一般来讲,沿海受海洋来的水汽影响降水_____,而内陆降水_____。

(3)B 气候类型的气候特征是夏季_____,冬季_____;D 气候类型的气候特征是夏季_____,冬季_____。

(4)ABCD 四地降水量在时间上变化最大的是_____,根据气温分布特点判断可知,该气候类型分布在_____(五带)。

图 7.3 "影响气候的主要因素"后测卷

三、材料编码

(一)必需材料编码(表 7.4)

表 7.4 "影响气候的主要因素"必需材料来源——解决问题二维矩阵表

材料来源			解决问题	必需材料
教材	图	东京、西安两地多年平均各月气温和降水图	对比气候差异,得出纬度位置对气候的影响	东京、西安两地多年平均各月气温和降水图;山地对降水的影响图
		山地对降水的影响图	分析得出地形对气候的影响	
	材料	水稻种植与气候	说明气候对农业生产的影响(要素之间的相互作用)	
	活动	认识影响气候的因素	落实纬度位置、海陆分布、地形因素对气候的影响	
		讨论气候与人们生活的关系	自然环境要素对人们生产生活的影响	
补充材料			东京、西安位置示意图,乞力马扎罗山景观图,乞拉朋齐风向示意图等,海陆热力性质差异探究视频	

(二)非必需材料编码

本课的非必需材料为水稻种植与气候的阅读材料、认识气候与人们生活的关系活动题中的素材,这些材料可以从时事新闻中找寻最新素材。

(三)审视编码材料

选择本节课的必需材料和非必需材料之后就需要对材料进行编码,清楚每一个学习材料的作用,学习材料的作用可以分为情景、事实、示范、过程、设疑和总结。完成编码之后就需要对已经编码的材料进行审视,利用材料编码复审表审视所用材料的实效性。根据每节课具体的教学目标按照不同的呈现方式将所要学习的内容填入其中。材料编码复审表具体如表 7.5 所示。

表 7.5 材料编码复审表

教学内容		学习材料的作用					
具体目标	学习材料	情景	事实	示范	过程	设疑	总结
对比找景观差异	亚马孙热带雨林、南极寒带景观图	√	√			√	
对比找气温景观的差异	赤道和南极地区气温曲线降水柱状图				√	√	
对比找气候差异,分析原因	西安和东京气温曲线降水柱状图		√			√	

续表

教学内容		学习材料的作用					
具体目标	学习材料	情景	事实	示范	过程	设疑	总结
分析海陆位置对气候的影响	西安和东京地理位置示意图；海陆热力性质差异实验视频		✓		✓		
分析地形对气候的影响	刚果盆地雨林和乞力马扎罗山的景观		✓				
方法归纳	雨极视频、乞拉朋齐风向图		✓				✓
应用世界降水分布规律，进行景观图判断	世界气候类型分布图		✓				
分析人类对气候的影响	气候变暖相关资料				✓		

四、教学活动

对学生来说，气候看不见、摸不着，只能通过感知冷热来感受气温高低；通过观察植被景观了解降水的多少。教学中需要多提供先行组织者，如实际的景观图，让学生感受气候的差异。观察景观图的能力是学生已有的知识、经验。只有先认识了差异才能进一步分析影响因素。学生在此之前已经学过世界气温分布规律、世界降水分布规律。因此，学生是有认知世界气候差异的能力的。而影响气候的因素同气候特征、气温分布规律、降水分布规律构成一种类属关系，先有前者才能分析影响因素。本节课主要采用下位构建，在原有的基础上进一步挖掘深度进行拓展学习，见表 7.6。

表 7.6 教学活动

环节	教师活动	学生活动	设计意图
导入	导入：受疫情影响，网络成为重要的学习方式。上学期我和初三的同学，一起使用"云游课堂"畅游世界。我们邀请了"云博士"作为今天引导者，他将带领大家进行环球旅行。 播放遥感卫星影像视频。 "云博士"过渡：在视频中，隐藏了一些谜题	观看影片，感受世界各地的景观差异	创设情境。"云博士"是创设的虚拟人物。该人物的创设，能打破传统课堂模式，网络学习的体验感更强。另外，解密游戏的设计，串联整节课，使课堂更有趣味性。遥感视频更具真实性，能加更直观、真实地表现地表景观，同时遥感视频能让学生从大尺度俯视、观察地理景观的分布，帮助学生构建空间感
谜题1：纬度位置对气候的影响	谜题1：导致赤道和寒带景观产生差异的原因是什么？ 课件展示：亚马孙热带雨林、南极寒带景观图。 提问：两地景观有什么差异？是什么因素造成了两地景观差异？ 追问：两地气候差异大到什么程度？ 课件展示：赤道某地和南极地区某地多年平均各月气温和降水量图。	观察景观图，找出景观差异，思考导致景观差异的原因。 观察两地气温曲线降水柱状图，从年均温、年降水量等方面说出两地的差异。 观察两幅图，找出影响两地气候差异的主要因素	采用下位构建，从学生已有的分析差异的能力入手，进一步思考影响因素。 气温曲线降水柱状图能同时展现气温和降水的特点。这里使用该图来反映气候差异，一方面，更加直观。另一方面，能强化地图的阅读能力

环节	教师活动	学生活动	设计意图
谜题1: 纬度位置对气候的影响	师生交流:气温曲线降水柱状图的阅读方法、两地气候特点以及两地的气候差异。 提问:造成两地气候差异的原因是什么? 提示:查看教材世界年均温分布、世界年降水量分布图。 小结:一般说来,纬度低,接收太阳光热多,气温就高;纬度高,接收太阳光热少,气温就低。赤道附近地带降水多,两极地区降水少。气候受纬度位置的影响		
过渡	"云博士":那么在同一条纬度上,气候难道都一样吗?		
谜题2: 海陆位置对气候的影响	谜题2:导致西安、东京气候差异的原因是什么? 课件展示:西安、东京气温曲线降水柱状图及位置图。 提问:西安和东京气候是否有差异? 差异表现在哪里? 引导学生从年均温、最冷月气温、气温年较差、年降水量等方面阅读气温曲线降水柱状图,找到两地气候差异。 提问:两地纬度位置大致相当,是什么因素造成了两地的气候差异? 课件展示并提问:海陆位置对降水会有怎样的影响? 追问:海陆位置是如何影响气温的? 播放课前学生探究实验视频:海陆热力性质差异实验。 (实验内容:用两个酒精灯,同时对半烧杯的水和沙加热2分钟。记录加热前、加热2分钟时、停止加热2分钟后的水和沙的温度。) 提问: 1. 从实验中,你得出来了什么结论? 2. 你能用这个结论,解释西安和东京年均温、最冷月气温、气温年较差的差异吗? 小结:海陆位置也是影响气候的重要因素。从降水上看,一般情况下,距海近,降水多;距海远,降水少。从气温上看,距海近,一日或一年中的气温变化幅度小;距海远,一日或一年中气温变化幅度大	观察两地的气温曲线降水柱状图,思考两地气候差异。 观察地图,找到西安和东京,观察两地位置差异,得出结论:海陆位置的差异,影响了气候。 思考、回答距海远近对降水的影响。 观看实验,思考实验的结论,并回答西安和东京气温年较差产生差异的原因	依旧使用气温曲线降水柱状图反映气候差异。在读图时,加深难度,让学生观察细节。一方面,能训练学生的读图能力。另一方面,能让学生明白气候差异的具体表现。 海陆位置对气温的影响较为抽象,学生难以感知。因此设计探究活动。实验中,对比水和沙2分钟内升温的幅度、停止加热2分钟后降温的幅度,探究两者升温的快慢。 对比水和沙升降温的快慢,模拟海洋、陆地气温的日变化。直观,形象。有了日变化的基础,学生借此再分析两地气温的年变化的难度降低。 另外,学生完成实验,一方面,能让课堂更具趣味性,激发学生自己动手探究的兴趣。另一方面,也能落实核心素养中地理实践力的内容

续表

环节	教师活动	学生活动	设计意图
过渡	"云博士":同学们太厉害了！你还能将视频中的谜题解出来吗？		
谜题3： 地形对气候 的影响 （气候特点）	谜题3：地形对气候有什么影响？ 播放遥感卫星浏览世界的视频。 课件展示：刚果盆地的雨林和乞力马扎罗山的景观。 提问：为什么在赤道上，能看到雪山？是什么因素在影响该地的气候？ "云博士"过渡：除了能找到气温上的特殊点，还能找到降水量的特殊点。 播放"雨极"乞拉朋齐视频。 提问：乞拉朋齐为什么会成为"雨极"？影响该地降水量的因素是什么？ 课件展示：山地对降水影响示意图。 课件展示：乞拉朋齐风向图。 提问：你能用刚刚的结论，解释乞拉朋齐为什么成为雨极吗？ 小结：地形也会对气候产生影响。就地形而言，地势高，气温低；地势低，气温高；山地迎风坡多雨，背风坡少雨	观看视频，感知景观差异。 思考，分析地形对气温的影响，得出：地形而言，地势高，气温低；地势低，气温高的结论。 观看视频，了解"雨极"的降水量。 思考问题并观察示意图，分析地形对降水的影响。得出结论：就地形而言，山地迎风坡多雨，背风坡少雨。 观察示意图，从风向、风源、地形方面分析该地降水量大的原因	本视频聚焦到赤道上的刚果盆地和乞力马扎罗山。使用遥感视频，直观，形象，能帮助学生构建空间感
谜题3： 地形对气候 的影响 （气候类型 分布）	过渡：地形不仅影响气候特征，还影响气候类型的分布。 课件展示：世界气候类型分布图。 布置任务：在气候类型图上找出高原山地气候，对照世界地形图，找出对应的地形区。 小结：地形不仅影响局地小气候，也影响大尺度气候，形成了独特的高原山地气候	两人一组，对照两幅地图找出对应的地形单元，举手回答问题	从小尺度区域到大尺度区域，能让学生明白影响因素不仅仅影响具体的区域，也在影响气候类型的分布
过渡	"云博士"：最后一个谜题！有一个大boss，使得20世纪80年代以来，每个连续十年都比前一个十年更暖。这个大boss是谁？		
谜题4： 人类活动对 气候的影响。	谜题4：人类活动对气候会有怎样的影响？ 展示气候变暖的相关材料。 讨论：人类活动对气候会产生怎样的影响？ 将学生的结论归类。 得出结论：人类活动对气候既有有利的影响，也有不利的影响。 播放视频，展示人类对气候的影响。 布置学生活动：为应对全球气候变暖，设计宣传画	两人一组，讨论人类活动对气候产生的影响。将讨论结果写在卡纸上，讨论结束后将卡纸贴在黑板上。 两人一组，课上共同绘制宣传画，8分钟后让学生上台展示并说出设计的理念	人类活动也是影响气候的重要因素。通过讨论，能让学生客观看到人类的影响。 宣传画的设计，一方面，能活跃课堂气氛，让学生"动"起来。另一方面，能培养学生保护地球、爱护环境的想法，树立可持续发展观念

续表

环节	教师活动	学生活动	设计意图
总结	一个地方的气候,受到纬度位置、海陆位置、地形、人类活动等因素的影响。正是由于这些不同,才有了美丽多样的世界。作为中学生,我们更要好好保护这个美丽的地球		
小试牛刀	"云博士"发布抢答游戏: 你能解释下列现象吗? 1. 青藏高原纬度较低,但是气候寒冷。 2. 海南岛终年如夏,黑龙江省北部冬季漫长。 3. 新疆塔里木盆地气候干燥,而同纬度的北京气候相对比较湿润。 4. 人间四月芳菲尽,山寺桃花始盛开。 5. 羌笛何须怨杨柳,春风不度玉门关	学生用所学知识抢答,答对的给予小书签的奖励	学生利用学会的知识解释下列现象,能检验课堂学习效果。抢答游戏,能激发学生的学习兴趣

五、知识整合

大概念有两个词:气候和影响因素。气候有两个主要要素。既然是"影响因素",就要整理清楚纬度位置、海陆分布、地形分别对气温和降水产生了什么影响。本节课时整合图如图 7.4 所示。

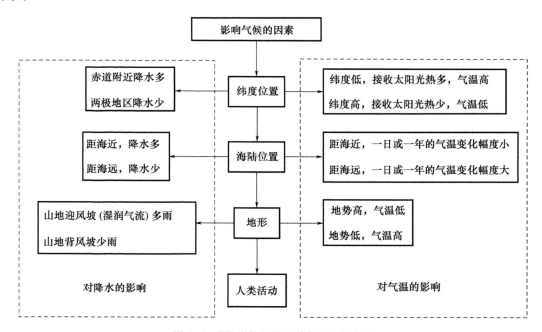

图 7.4 "影响气候的因素"知识整合图

案例二:《中国的人口》[①]

本案例是人教版地理八年级上册第一章"从世界看中国"第二节内容,一级单元隶属于"认识中国",二级主题隶属于"认识中国的全貌"。按照 M-ACK 教学结构依次设计教学内容。

一、目标设定

(一)课标解读

1. 课标原文(表 7.7)。

表 7.7　"中国的人口""内容要求"、"学业要求"和"教学提示"

项目	课标原文
内容要求	运用地图和相关资料,描述中国人口的基本状况和变化
学业要求	学生能够运用地图及其他地理工具,从不同媒体及生活体验中获取并运用有关中国地理的信息资料,描述和说明中国基本的地理面貌,表达热爱祖国的情感
教学提示	重在引导学生运用认识区域的方法,学习中国及其内部不同区域的自然和人文环境特点以及经济发展状况;引导学生采用观察、描述、比较、归纳、说明、分析、评价等方法,认识中国地理环境的特点,思考家乡建设与祖国发展的关联

2. 行为动词分解(表 7.8)。

表 7.8　"内容要求""行为动词"分解表

内容要求分解	中国人口的基本状况主要指的是人口数量和人口分布。其中,人口数量包含人口规模、人口增长速度、人口构成等方面。对我国人口数量及其变化只需了解事实,不从"多"这个角度深入解读。人口的分布需要理解人口密度的概念,能说出我国人口分布大势即可。在了解中国人口的基本状况后,需引导学生认识人口数量与分布是不断变化的,为适应人口不断变化的事实,人口政策也做出了相应的调整。		
分解栏目	行为动词	行为条件	行为程度
课标分解	描述	中国人口数据的相关图表、中国人口结构图(人口金字塔图)、中国人口分布图	阅读数据图表,说出①不同时期的人口数量(总数);②人口变化趋势;③分析人口数量变化的原因;④人口分布特点

(二)教材内容分析

分析教材内容,其体现的逻辑关系如图 7.5 所示。

[①]　本案例由贵州省教育科学规划 2021 年度重点课题《基于 M-ACK 模型的初中地理意义教学模式及其工具箱的开发与应用研究》主要参与者陈奕彤老师提供。

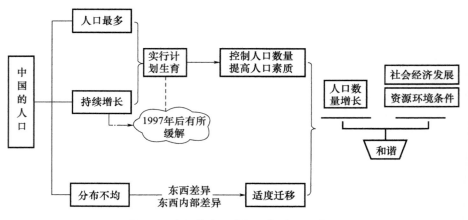

图 7.5　中国的人口教材逻辑关系示意图

(三)学习目标设定

本节的学习目标可设计为①通过阅读人口增长示意图,概括我国不同时期的人口增长特点;②通过阅读各类图表及观看视频,树立人地协调的可持续发展观念;③通过阅读中国人口密度图,归纳我国人口分布特点。

二、学情辨识

(一)前测卷的设计

本课需要学生课前掌握分析人口数量变化和年均增长率统计图的方法,能从图中简要分析一个地区人口总数的变化特点。因此,本节前测卷可以设计为阅读我国七次人口普查的人口数量变化和年均增长率统计图,分析近 70 年我国人口总数的变化特点。前测卷只要有20% 的学生错到一半及以上,那就需要教师将此知识作为新知识进行教学。

(二)辨识学情

基于本节学习目标,辨识本节学情,如表 7.9 所示。

表 7.9　"中国的人口"辨识学情表

学生学情	所要分析内容			与新知识的关系
	知识	技能	社会规范	
已经学习过的相关知识	印度的人口相关知识	初步掌握了分布图的阅读方法,初步掌握了统计图表的阅读方法(数学知识)	梳理可持续的发展观念	印度的人口与中国的人口是并列关系,可以用学旧知识的思路和方法,学习中国的人口
生活经验	学生知道独生子女政策、二胎三胎政策,甚至身边就有对应家庭的朋友。因此,能够对人口政策的变化有一定的认识,进一步对人口数量的变化有很强的感知。但是中国人口分布的空间分布,空间尺度太大,学生难以感知。			
学习类型	视觉型、动觉型为主			

(三)后测卷的设计

本节内容教学结束之后需要设计后测卷。后测卷可以设计阅读我国人口增长折线和我国人口密度分布图,在框架图中的横线上填写适当的词语,完成关于人口的知识结构。以此来理解作为重要的人文地理要素,人口不仅具有时空变化的特征,还受到自然环境的深刻影响,见图7.6。

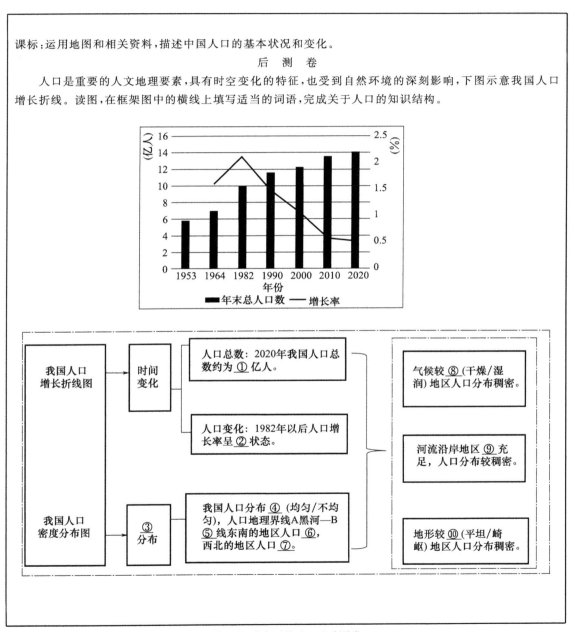

课标:运用地图和相关资料,描述中国人口的基本状况和变化。

后 测 卷

人口是重要的人文地理要素,具有时空变化的特征,也受到自然环境的深刻影响,下图示意我国人口增长折线。读图,在框架图中的横线上填写适当的词语,完成关于人口的知识结构。

图 7.6 "中国的人口"后测卷

三、材料编码

（一）必需材料编码（表7.10）

表7.10 "中国的人口"必需材料来源——解决问题二维矩阵表

材料来源			解决问题	必需材料
教材	图	中国人口增长示意图；中国人口占世界人口比例的变化图；中国2010年和2020年的人口年龄结构图；中国人口的分布图	人口数量变化、人口空间分布	中国人口增长示意图；中国人口占世界人口比例的变化；中国2010年和2020年的人口年龄结构；中国人口的分布；活动题1、2
	材料	胡焕庸与中国人口地理分界线	人口空间分布规律	
	活动	理解我国的人口国策	理解人口政策，理解人口数量、人口结构变化，清楚我国人口现状	
		感受我国东西部人口密度差异	人口空间分布	
补充材料		人口政策宣传标语、宣传画、教育发展水平的视频、人口结构变化视频		

（二）审视编码材料

选择本节课的必需材料和非必需材料之后就需要对材料进行编码，清楚每一个学习材料的作用，学习材料的作用可以分为情景、事实、示范、过程、设疑和总结。本节材料编码复审表具体如表7.11所示。

表7.11 "中国的人口"材料编码复审表

教学内容		学习材料的作用					
具体目标	学习材料	情景	事实	示范	过程	设疑	总结
创设情景	中国发展70年成就视频	√					
对比气温景观差异	国家统计局系列报告					√	
绘制图表，读出中国人口增长特点	中国人口增长示意图		√				
	我国历次人口普查数量统计图				√	√	
理解人口政策	不同时期的人口海报						√
分析地形对气候的影响	人口政策实施影响的视频				√		
方法归纳	新中国成立70周年教育成就视频		√				√
归纳人口分布特点	绘制地图视频		√				
分析人类对气候的影响	不同尺度中国人口密度图		√		√		

四、教学活动

学生在生活中接触过与人口相关的信息,如新闻、街头宣传海报、标语等。通过呈现相关信息作为先行组织者帮助学生连接新旧知识。学生在此之前已经知道了印度的人口特征,初步具备了分析某国人口特征的能力。因此,本节课重在使用这样的认知方式,通过使用并列结合构建策略来认知中国的人口特点,见表7.12。

表 7.12　教学活动

环节	教师活动	学生活动	设计意图
导入	课前播放纪念新中国成立70周年的视频。 展现国家统计局的系列报告。 过渡:在过去70年间,我国社会发生了翻天覆地的变化。国家统计局发布了一系列报告,从经济、工业、农业、交通、科技文化等方面展示我国的发展。而作为社会基本结构的人口,也发生了巨大的变化。中国的人口有什么特点呢?那么今天,我们将借助各类数据和图表,一起完成《新中国成立70周年经济社会发展成就系列报告之中国的人口》	观看视频,感受新中国成立70周年的成就。 介绍本节课需要完成的活动以及用到的工具。预留30秒,查看工具袋中的物品并将其置于桌上	创设情境。一方面,该情境作为主线串联整节课,思路清晰,使课堂更有趣味性,激发学生探究欲望。另一方面,联系当下的时事,使用先行组织者策略,激发学生的学习兴趣
新课	展现中国人口增长示意图。 提问:不同时期,我国的人口数量以及人口增长趋势有什么特点?	阅读教材11页图1.10中国人口增长示意图,从人口总数、人口增长趋势、人口增长速度等方面思考不同时期,我国的人口数量以及人口增长趋势的特点	使用下位构建。读图方法和读图能力是上位知识,学生在此应用了相关知识,获得数据并巩固了读图能力。绘制数据图表是下位知识。 1. 柱状图的高低差异,能更加直观地看出人口数量上的差别。 2. 数据源自曲线图,数据权威。学生自己动手绘制,将数据可视化,体验感更强
世界人口最多的国家-人口增长的特点	展现根据前四次人口普查绘制的人口柱状图及六次人口普查数据。 布置学生活动:各小组完成历次人口普查柱状图的绘制并思考新中国成立以后,我国人口增长速度上有什么特点。 小结:中华人民共和国成立后,我国人口依旧呈现增长的趋势,但是在1982年后,人口增长缓慢	六人小组内又分成两个小组,三个人完成一份报告单。一人完成图表的绘制,另外两名学生分析人口总数和人口增长特点,绘表的学生,将结果填写在报告单上。 小组选一名代表上台展示绘制的图表并汇报	

环节	教师活动	学生活动	设计意图
世界人口最多的国家-人口政策	展现二十世纪八九十年代街头的宣传画报。师生交流: 1. 为什么1982年开始人口增长缓慢了? 2. 为什么要实行计划生育政策? 小结:为了人口的长期均衡发展,从20世纪70年代开始,我们实行了计划生育政策,控制了人口数量。 播放视频并提问:人口政策的实施,带来了哪些影响? 呈现2019年的宣传画报。引导学生了解现阶段我国人口政策的调整。 播放新中国成立70周年教育成就的视频。 提问:我们社会要得到高质量的发展和进步,除了控制人口,还需做出哪些方面的努力? 总结:人口政策包含两方面,即控制人口数量和提高人口素质。人口随着时间而变,人口政策也随之而变。无论怎么变,其目的都为了促进人口的长期均衡发展	结合海报所给提示,思考人口增长缓慢的原因以及实行计划生育的必要性。 观看视频,了解我国人口政策的实施带来的影响——人口结构不合理(劳动力不足,老年人口比重大)。 对比不同时期海报呈现的内容,体会随着不同时期国情发生改变,人口政策也相应做出调整。 观看视频,感受中华人民共和国成立后我国的教育成就,讨论教育和国家发展之间的关系	通过观察宣传海报,直观地感受不同时期我国的人口政策的变化。 视频中采用人口金字塔图反映人口结构的变化。该图能更加直观地反映性别、各年龄组的人口构成。 比起直接给数据图表来呈现教育成就,视频更加生动直观,学生留下的印象也会更深刻。 其中海报、视频、图片、数据等内容,均是教学策略中,先行组织者的表现形式
过渡	我国人口除了在人口增长和人口构成上具有特点以外,在空间分布上,又有什么特点呢?		
	师生交流:人口密度公式。 展示我国的平均人口密度和世界平均人口密度。 展示中国平均人口密度图。 提问:中国人口的分布会按照平均人口密度来分布吗? 布置学生活动:绘制我国省级行政区人口密度图,从中找到我国人口空间分布规律。 1. 介绍用到的工具。 2. 播放绘制过程的视频。 3. 各小组完成地图的绘制。 收集学生绘制完成的图,并当堂制作成册,呈现在展台上。 引导学生阅读中国省级人口密度图,归纳我国人口分布的特点。 过渡:那么一省之内部,人口密度是否会有差异? 展现学生制作的贵州省人口密度图,对比教材13页中的中国人口的分布图中贵州省的人口密度。 小结:无论什么尺度,我国人口分布都有一个特点,就是分布不均匀。这种不均匀,都呈现了东多西少的特征。 反问:那么东部还会不会有差异呢?	回忆公式,人口密度 = 人口总数/面积,并将其写在学案上。 对比我国和世界的平均人口密度,得出结论:我国人口稠密。 思考,得出结论。 观看绘制的过程,知道任务的步骤。 各小组组长分别安排四位同学计算各省份的人口密度,并填写在报告单上;第五位同学查看工具袋里的图例,根据计算结果选取合适的图例颜色;第六位同学在教材第七页上查阅对应的省区,选择合适的笔,在对应省区上填涂颜色。 看图,得出结论:东部人口分布稠密,西部人口稀疏。 在书上圈出贵州省的范围。观察两幅地图,得出结论:一个省内人口分布不均	虽然学生以视觉型为主,但是学生绘制中国人口密度图的活动依旧激发了学生的动手能力,培养了学生表达地理信息的能力。 将人口分布图解构成三个层次,从中国平均人口密度图,到中国省级人口密度图,再到书上更加详细的人口密度图。用层层递进的方式,首先能让学生对人口密度的计算、地图的绘制有更加深刻的认识。其次也表明,无论是什么尺度,我国的人口都呈现东多西少、分布不均的特点

续表

环节	教师活动	学生活动	设计意图
人口东多西少	展示人口密度图、中国地形图、中国气候类型图等。师生交流：我国人口稠密区在分布位置上的特征。 小结：城市附近人口稠密，地形平坦的地区人口也稠密。说明人口的分布，受到社会经济条件、地形、气候、河流等自然条件的影响。 讲述：早在80多年前，我国人口就呈现了现在这样的分布状态。著名地理学家胡焕庸先生绘制出我国第一张人口密度图后，就发现了我国人口分布的规律。播放胡焕庸线的视频。 师生交流：人口地理分界线两侧的差异。 过渡：东西部的差异一直都有，但随着经济的发展，东部人口稠密区会越来越稠密。 展台呈现学生绘制的省级人口密度图中上海的部分。 提问： 1. 上海市人口密度越来越大，会对上海带来什么影响？ 2. 讨论：如何解决上海人口密度越来越大带来的不利影响。 讲述：人口迁移也要适时适度。不仅要考虑当前的状况，还要适应未来的经济增长和社会进步，实现人口长期的、均衡的发展	在图中找出人口密度超过600人/平方千米的区域；思考这些区域位置的共性，归纳影响人口分布的因素。 观看视频，在书上用黑色实线进行勾描，并圈出两端。归纳胡焕庸线两侧的人口差异。 得出结论：该线东南人口稠密，西北人口稀疏。 从有利和不利两方面进行思考：上海市人口密度越来越大带来的影响。 小组讨论解决办法，得出结论：人口迁移是解决人口分布不均的措施之一	分析影响人口分布的因素，是相关下位学习。在知道人口分布不均后，进一步思考影响因素，为后面学习中国的自然环境和人文环境做铺垫，使得相关学习得到了扩展和深化。 呈现的上海人口密度图中，还有江苏、新疆和青海。图片的再次出现，能加深学生对我国人口东西差异的认识。另外，也为后面学生想出把东部人口往西部迁移做出提示
课堂总结	通过今天的研究，我们知道了我国人口在时间上和空间上的变化规律，同时也了解我国的人口政策。相信各小组完成了系列报告。这份报告也和大家绘制的图一起，作为后续的学习资料永久保存		

五、知识整合

本课题大概念定为人口。确定依据为人口对一个国家的发展至关重要。因此，需要清楚人口数量、人口分布、人口变化的原因等。本课题知识整合图见图7.7。

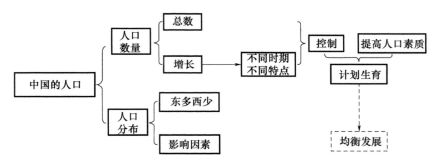

图 7.7 "中国的人口"知识整合图

案例三:《埃及》[①]

本案例是湘教版地理七年级下册第八章"走近国家"第二节内容,一级主题隶属于"认识世界",二级主题隶属于"认识国家"。按照 M-ACK 教学结构依次设计教学内容。

一、目标设定

(一)单元内容要求

依据 2022 年版新课标,"认识国家"主题下涉及的内容要求如下:

1. 运用地图和相关资料,说出某国家的地理位置、范围、领土构成和首都;选择与该国地理位置差异明显的国家,比较它们纬度位置和海陆位置的差异。

2. 运用地图和相关资料,描述某国家突出的自然地理特征。

3. 运用地图和相关资料,说出某国家人文地理主要特点及其与自然地理环境的联系。

4. 运用地图和相关资料,联系某国家的自然地理环境特点,结合实例简要分析该国因地制宜发展经济的途径。

5. 运用地图和相关资料,简要分析某国家在资源开发、环境保护方面的经验和教训。

6. 结合实例,简要说明一个国家对某地自然环境的改造活动对其他地方自然环境的影响。

7. 结合某国家的实例,简要说明该国家与其他国家在经济社会等方面的联系及其意义。

(二)单元学业要求

学习本单元后,学生能够运用地图及其他地理工具,从地理位置、地理事物和现象的空间分布、人与自然的关系以及区域差异和区域联系等角度,描述并简要分析某国家的主要地理特征;能够结合世界政治、经济、社会、文化事物和现象,运用认识区域的方法,简要分析这些事物和现象发生的区域地理背景,形成从地理视角看待、探究现实世界的意识和能力,初步具备全球视野和社会责任感。

---

① 本案例由贵州省教育科学规划 2021 年度重点课题《基于 M-ACK 模型的初中地理意义教学模式及其工具箱的开发与应用研究》主要参与者王榕蓉老师提供。

（三）单元概念图（图7.8）

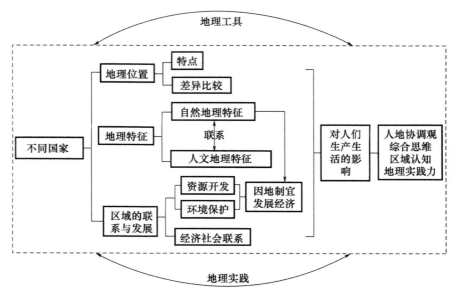

图7.8 "认识国家"单元概念图

（四）本课题教材内容分析

本节课为湘教版地理七年级下册第八章第二节，是学生"走进国家"之后的第二个国家。埃及特色突出，是干旱区域代表性的国家。本节教材设置的四个标题"地跨两洲""沙漠广布""发展中的工农业"和"富有特色的旅游业"分别展现了埃及的地理位置、显著的自然地理特征与人文地理特征，有利于学生对埃及地理特征进行全面的了解。

虽然是区域地理的认知方式，但本节课的教材呈现上，除了通过位置入手，引导学生认识埃及显著的自然地理特征外，还重在介绍尼罗河对区域发展的影响——既影响古代文明的发展，又影响农业、人口、旅游资源以及工农业的分布，以培养学生综合地理要素之间的相互影响和相互联系解释实际问题的能力。

（五）本课时学习目标

1. 本课时要达成的单元内容要求及对"内容要求"分解（表7.13）

表7.13 埃及"内容要求"及"行为动词、行为条件、行为程度"分解表

课标1：运用地图和相关资料，说出埃及的地理位置、范围、领土构成和首都		
行为动词	行为条件	行为程度
运用	地图和相关资料	识别、观察、描述等用图基本技能
说出		地理位置、范围、领土构成和首都
课标2：运用地图和相关资料，联系埃及的自然地理环境特点，结合实例简要分析该国因地制宜发展经济的途径		
行为动词	行为条件	行为程度
运用	地图和相关资料	识别、观察、描述、比较、分析等用图基本技能
联系、结合		能说出"自然地理环境特点"涉及的地理要素及特点描述，对自然环境特征简要概括
分析		判断自然地理环境对区域经济发展可以提供哪些资源条件和环境基础

2. 学习目标

结合课标"内容要求"与"学业要求",整合本课时教材内容,本课时的学习目标是:

① 在地图上指出埃及的地理位置和首都,从海陆位置、纬度位置的角度描述其地理位置特点。说明苏伊士运河在埃及交通发展上的重要性。

② 根据地图和资料概括埃及的地形、气候的基本特点;结合地理位置特点分析埃及气候特点的成因;结合地形图、人文地理要素分布图,分析概括埃及河流的特点。

③ 运用地图和其他资料,联系埃及自然条件特征,简要分析尼罗河对埃及城市和人口的分布、工农业、旅游业发展的重要意义,进一步培养和提高整合信息、综合分析的能力,初步树立正确的人地观、可持续发展观,认识因地制宜发展的重要性。

④ 根据地图和其他资料说出埃及的种族和人口、民族、语言等人文地理要素的特点。

二、学情辨识

(一)前测卷的设计

本节课需要学生先掌握分析一个地区气候的方法。前测卷见图 7.9。

前　测　卷
1. 气候是自然地理环境要素之一,一个区域的气候特点通常从气候类型及分布、主要气候特点来描述。结合教材(湘教版七下)第 17 页,写出非洲的气候特点。 2. 结合教材(湘教版七下)第 19 页,从气候的角度说说你对"尼罗河是世界第一长河,但水量较小"的理解。

图 7.9　"埃及"前测卷

(二)学生学情分析(表 7.14)

表 7.14　"埃及"辨识学情表

学生学情	所要分析内容			与新知识的关系
	知识	技能	社会规范	
已经学习过的相关知识	①地理位置;②自然环境要素及描述;③地理要素之间的相互影响与相互联系	区域地理特征一般分析方法	旅游文明行为	除了地理位置的分析,其他新旧知识的关联主要体现在思维和方法上
生活经验	埃及是四大文明古国之一			
学习类型	此次教学对象为台江二中初一(3)班学生,经过课前问卷学习类型测试和向该班任课教师询问,发现该班学生多为视觉型和听觉型,学习习惯良好,学习认真,但思维上欠活跃			

(三)本课时学习重、难点

1. 学习重点

埃及的地理位置重要性、尼罗河对埃及的深远影响以及因地制宜发展经济。

2. 学习难点

埃及的经济发展与其独特的自然、人文特征的关系。

（四）后测卷设计

本节后测卷可以设计成两道题，第一题为通过填图的形式完成埃及自然地理特征的学习（图 7.10）；第二题为说出埃及人口、城市等的分布特点并简要分析集中分布在这些区域的原因。

后　测　卷

1. 埃及的自然地理特征

埃及地跨两大洲
（两洲之间）
_____ 穿过南部　　------- 热带沙漠气候
（特征：）　　------- 埃及的自然环境特征：
_____

2. 埃及人口、城市、工农业生产、旅游资源等的分布有什么特点？为什么集中分布在这些区域？

图 7.10　埃及自然地理特征后测卷示意图

三、材料编码

"埃及"材料编码综合表见表 7.15。

表 7.15　"埃及"材料编码综合表

1."埃及"材料来源				
			材料来源	解决问题
本课时材料编码	必需材料	教材 图	埃及地形分布	埃及的地理位置、地形特点
			苏伊士运河位置图	埃及地理位置的特点
			埃及矿产和物产分布	埃及矿产和物产分布与尼罗河位置关系
			埃及主要名胜古迹分布	埃及主要名胜古迹分布与尼罗河位置的关系
		阅读材料	苏伊士运河	埃及地理位置的特点
			尼罗河	尼罗河对埃及人民生活以及经济社会发展的重要作用
		活动	第 76 页读图 8-13 活动	埃及地理位置的特点
			第 79 页读图 8-18 活动	尼罗河对埃及人民生活以及经济社会发展的重要作用
	补充材料	图	大河流域的亚非古文明	河流对人们生产生活的影响
			埃及在非洲的位置图	地理位置特点
			苏伊士运河航线图	苏伊士运河对埃及经济发展的重要性
			非洲气候类型分布图	埃及主要的气候特征
			开罗和亚历山大各月平均气温和降水量柱状图	
		视频	"进博会——埃及"片段	埃及地理位置、自然环境的特点
	非必需材料	图	埃及旅游景观图片	加深对埃及环境的印象

2. 材料编码复审表

<table>
<tr><td rowspan="8">本课时材料编码</td><td rowspan="2">具体目标</td><td rowspan="2">学习材料</td><td colspan="6">学习材料的作用</td></tr>
<tr><td>情景</td><td>事实</td><td>示范</td><td>过程</td><td>设疑</td><td>总结</td></tr>
<tr><td>在地图上指出埃及的地理位置和首都</td><td>图</td><td></td><td>√</td><td></td><td></td><td></td><td></td></tr>
<tr><td>从海陆位置、纬度位置的角度描述埃及的地理位置特点</td><td>活动</td><td>√</td><td></td><td></td><td>√</td><td></td><td></td></tr>
<tr><td>概括埃及的地形、气候的基本特点</td><td>图</td><td></td><td></td><td></td><td></td><td></td><td>√</td></tr>
<tr><td>分析埃及气候特点的成因</td><td>图</td><td></td><td></td><td></td><td></td><td>√</td><td></td></tr>
<tr><td>分析概括埃及河流的特点</td><td>图</td><td></td><td></td><td></td><td>√</td><td></td><td></td></tr>
<tr><td>简要分析该国因地制宜发展工农业和旅游业的实例</td><td>图
活动</td><td></td><td></td><td>√</td><td>√</td><td></td><td></td></tr>
<tr><td>根据地图和其他资料说出埃及的种族和人口、民族、语言等人文地理要素的特点</td><td>图
数据</td><td></td><td>√</td><td></td><td></td><td></td><td></td></tr>
</table>

四、教学过程

教学过程见表7.16。

表7.16　教学过程

<table>
<tr><td>教学环节</td><td>学生活动</td><td>教师活动</td><td>设计意图</td></tr>
<tr><td>导入

新课</td><td>观察大河流域的亚非文明古国图,从纬度位置、海陆位置、地形、河流等方面思考问题。
1. 四大文明古国是哪四个?
2. 在分布上,四大文明古国有什么共同特点?
3. 判断所给的图片属于哪个文明古国并说明理由。
一、埃及初印象
观看"进博会——埃及"片段视频,结合教材第77页,完成学案上的"名片"。

基本信息
姓名:埃及
面积:
人口:
主要民族:
主要宗教:
主要语言:
首都:

二、埃及的象征——苏伊士运河
学生(一人)朗读"苏伊士运河简介",并在学案上标注苏伊士运河。
结合埃及地形分布图和苏伊士运河航线图,说出苏伊士运河航线所经过的区域并完成学案。
读图思考,同桌交流:苏伊士运河的重要性。</td><td>展示大河流域的亚非文明古国,提出问题:
1. 四大文明古国是哪四个?
2. 在分布上,四大文明古国有什么共同特点?
3. 判断所给的图片属于哪个文明古国并说明理由。

讲述:金字塔、苏伊士运河、尼罗河是埃及的三"宝",今天我和大家一起走进文明古国——埃及。
播放视频"进博会——埃及"片段,要求学生结合教材第77页,完成学案。
承转:那埃及到底在哪里呢?
展示"埃及的地理位置",设问:
埃及在哪里?
地理位置上的特点是什么?
为什么说金字塔、苏伊士运河、尼罗河是埃及的三"宝"呢?

展示"苏伊士运河简介",学生朗读。

师生交流:埃及(苏伊士运河)地理位置的重要性。</td><td>培养学生综合思考问题。(上位构建策略)
从特殊视角学习埃及,更突出本节课逻辑主线。

落实课标对地理位置部分的要求。
(上位构建策略)</td></tr>
</table>

续表

教学环节	学生活动	教师活动	设计意图
	三、埃及的象征二——尼罗河 观察埃及地形图,在学案上描绘尼罗河(请一位学生指图),以河流流向说明埃及的地势特点。 学生观察教师所提供的资料,思考并回答以下问题。	小结:埃及沟通两海、联结两洋、扼守三洲,正是其地理位置的重要,使苏伊士运河成为世界上最繁忙的运河。苏伊士运河有效缩短从印度洋到大西洋的航程,因此大量船只选此线通过,收取过往船只通行费,成为埃及重要的外汇收入来源。 承转:世人提及埃及,大多会将金字塔作为埃及的象征,可对于埃及人来说,更能体现国家象征的是埃及的母亲河——尼罗河。 展示埃及地形图和尼罗河简介。 设问:尼罗河是埃及的母亲河,也有人说是"生命之河",尼罗河为什么对埃及那么重要呢? 展示相关资料,引导学生思考问题。	
承转追问	1. 观察埃及景观图片,说出图片反映埃及的自然景观特点。思考并说明这样的自然景观与我们所学的哪些自然地理要素有关,与哪些要素的关系更为密切。 2. 对比非洲气候类型分布图、埃及气候类型分布图,亚历山大和开罗气温曲线降水量柱状图,归纳说出埃及的主要气候特点。 3. 思考:制约埃及人们生产生活最突出的因素是什么? 得出结论:埃及的气候以热带沙漠气候为主,全年炎热干燥,导致这里沙漠广布,制约人们生产生活最突出因素是——水。 4. 活动:从人口、城市、工业、农业、旅游业等方面探究尼罗河对埃及的深远影响及原因。 (1)完成学案问题。归纳总结埃及的人口、城市、工业生产、农业生产等集中分布在尼罗河谷地及尼罗河三角洲。 (2)讨论尼罗河对埃及人民的生活和经济发展起到重要的作用——提供水源、尼罗河谷地和河口三角洲地形平坦、土壤肥沃等。 (3)观察埃及部分旅游景点照片,思考埃及的旅游资源具有什么特色呢?从旅游资源特色方面说明尼罗河对埃及的影响。	1. 展示埃及景观图,思考图片反映埃及的自然景观有什么特点及与自然地理要素的关系。 2. 展示非洲气候类型分布图、埃及气候类型分布图、亚历山大和开罗气温曲线降水量柱状图,引导学生对比分析埃及气候特征及对埃及生产生活的影响。 3. 指导学生分析尼罗河对埃及的深远影响及原因。 讲述:水孕育了文明,金字塔和沙漠绿洲托起经济支柱。埃及是世界古代文明的发祥地之一,旅游业十分发达,国际旅游收入同样成为外汇收入的重要来源。展示埃及部分旅游景点照片,引导学生从旅游资源特色方面说明尼罗河对埃及的影响。 讲述:作为一个非洲国家,埃及糅合了古文明的神秘,又带着阿拉伯的风情,这个世界上最古老的国家之一,随着时间的雕饰,埃及变得越发迷人。依靠丰富的旅游资源大力发展旅游业,也是埃及因地制宜发展的结果。 师生小结:埃及沙漠广布,制约人们生产生活最突出因素是——水,从古至今,人口、城市、农业、工业、旅游业都是集中在尼罗河谷地及入海三角洲地区,尼罗河为埃及人民提供了几乎是唯一的地表水源。尼罗河不仅养育了古代埃及人,它也是现代埃及经济发展的浇灌者,所以埃及人民盛赞尼罗河是哺育他们的"生命之河"。	从埃及的地理位置落脚到苏伊士运河的重要作用,首尾呼应。 (下位构建策略) (先行组织者策略)通过学生活动,使学生深入探究埃及的人类活动都是沿尼罗河分布。探寻这是由于埃及的自然特征——沙漠广布决定的。尼罗河既影响古代文明的发展,又影响现代经济。注重学生将碎片化知识建立联系。 感受埃及旅游资源丰富并因地制宜发展旅游业,同时落实课标对人文地理特征的了解。 (并列结合构建策略)

教学环节	学生活动	教师活动	设计意图
课堂总结	本节课我们从苏伊士运河和尼罗河入手学习了埃及,通过苏伊士运河和尼罗河了解了埃及的位置、自然特征和人文特征。埃及所处的位置决定了该国的自然环境特点,而这种自然环境特点又影响了其人文环境。学习区域地理时,注意抓突出特征,找要素间的联系,这是学习国家的方法。希望大家能够在以后的学习中用带有地理知识的眼睛看世界,分析生活中的现象,体会生活中的精彩!		

五、知识整合

本课时知识结构见图 7.11。

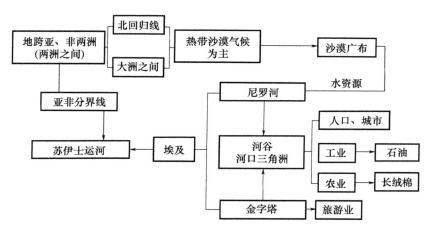

图 7.11　"埃及"知识结构整合图

案例四:《环境与发展——高西沟村变形记》①

本案例是人教版地理八年级下册第六章《北方地区》第三节内容,一级主题隶属于"认识中国",二级主题隶属于"认识分区"。按照 M-ACK 教学结构依次设计教学内容。

一、目标设定

(一)课标解读

1. 课标原文(表 7.17)

表 7.17 "黄土高原""内容要求"、对应课标的"学业要求"和"教学提示"

项目	课标原文
内容要求	2022 版:运用地图和相关资料,说出某区域的地理位置和自然地理特征,说明自然条件对该区域经济社会发展的影响,认识因地制宜的重要性。 2011 版:根据资料,分析某区域内存在的自然灾害与环境问题,了解区域环境保护与资源开发利用的成功经验。(以黄土高原为例)
学业要求	能描述中国不同地区的主要地理特征,比较区域差异,从区域的视角说明人类活动与自然环境和资源的关系,初步形成因地制宜发展的观念
教学提示	重在引导学生运用认识区域的方法,学习中国及其内部不同区域的自然和人文环境特点以及经济社会发展状况

2. 行为动词分解(表 7.18)

表 7.18 "内容要求"行为动词分解

内容要求分解	区域内的环境问题,也是区域的突出自然地理特征,且是各要素综合下来的结果。结合 2011 版的课标,解读如下:区域是学习的载体,可以是自然区域,如黄土高原、三江源等;也可以是行政区划,如北京、香港、澳门等。区域作为案例存在。本条课标的目的是通过案例的分析,让学生掌握分析区域自然灾害与环境问题的方法,并根据分析出的环境问题的具体表现以及产生的原因,提出对应的解决措施,即重在对区域认知的方法的学习。 思路:找问题(是什么、有什么影响)—→析原因(为什么)—→想措施(怎么办)。 核心词解读:核心词一——环境问题。环境问题表现在:①自然环境偏离应有的稳定状态。②给人类的生产和生活甚至生存带来了危害。造成环境问题的原因有:①自然环境本身的不稳定性、脆弱性。②不合理的人类活动。环境问题是两者相互作用的结果。要关注自然环境要素和不合理的人类活动。 核心词二——环境保护的成功经验。"环境保护"是指要解决环境问题,协调人与环境的关系,以生态、经济、社会三大效益为最终目标。"成功经验"意味着经过反复尝试,多次实践,在实践中、失败中,不断总结得出的成果。 核心词三——分析和了解。分析具有层次性。第一层:教师设计问题链,学生在教师的引导下分析图文资料。第二层:学生掌握了方法,可以自主分析图文资料找出问题。了解要求认识和记忆,可以通过学生自主实践等方式达到了解的目的。 案例区域分析:黄土高原环境问题突出,综合治理成效也突出。本节课以黄土高原为案例。黄土高原突出的环境问题是严重的水土流失。

① 本案例由贵州省教育科学规划 2021 年度重点课题《基于 M-ACK 模型的初中地理意义教学模式及其工具箱的开发与应用研究》主要参与者丁雯靖老师提供。

内容要求 分解	水土流失原本是自然现象,但是由于该现象的表现严重,造成的危害有:①土地生产力的降低和丧失,使农业可持续条件丧失。②水土再分配使黄河下游淤积,洪水泛滥,威胁人民生命财产,使经济损失、社会失稳等。要解决该问题,需要分析清楚水土流失严重的原因。 水土流失有流水侵蚀、风力侵蚀、重力侵蚀。黄土高原地区以流水侵蚀为主。原因的分析可以引导学生从水、土两方面进行分析。 自然环境方面,水:降水集中在夏季,多暴雨,流水侵蚀严重。 土:①黄土土质疏松,多孔隙,易溶于水。②地表裸露,缺乏植被保护。 除此以外,还有高原的地形陡峭,水土易流失。 人为原因方面,由于人口增长带来的土地开发压力增大,不合理的利用方式,导致了地表被破坏,加剧了水土流失,使得黄土高原成为水土流失最为严重的区域之一。 成功的环境保护经验:采取生物措施与工程措施相结合的方式,合理安排人类生产活动等开展水土保持工作。由于黄土高原面积太大,更多的是以小流域为单元,进行流域综合治理,以点带面。 2020年,我国的水土流失面积有269.27万平方千米,占国土面积的28.15%。其中青藏高原以东、阴山以南的二级阶梯区域,水土流失分布最为集中,也最为严重。贵州所在的喀斯特分布区,极易发生水土流失,出现石漠化。贵州本土是学生熟悉的区域,生活中也对石漠化有一定的认识。因此,学生可以在学完黄土高原严重的水土流失之后,用同样的分析方法,探究贵州地区严重的水土流失问题。同时,也落实了乡土地理的相关内容		

分解栏目	行为动词	行为条件	行为程度
课标分解	说出、说明	各类图文、视频材料	分析黄土高原严重的水土流失问题及其造成的危害,通过分析产生环境问题的原因,尝试找出合理的解决措施。初步掌握分析区域环境问题的方法,并进行实际的应用

(二)教材内容分析

分析教材内容,其体现的逻辑关系如图 7.12 所示。

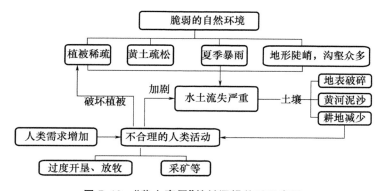

图 7.12　"黄土高原"教材逻辑关系示意图

(三)学习目标设定

本节的学习目标可设计为:①通过各种图文资料,分析黄土高原严重的水土流失问题及其造成的危害;②通过分析产生环境问题的原因,尝试找出合理的解决措施;③初步掌握分析区域环境问题的方法并进行实际的应用。

二、学情辨识

(一)前测卷的设计

本课题是"黄土高原"第二课时内容,课前需要掌握黄土高原形成的黄土峁、黄土塬、黄土墚等基本地貌形态的演变先后顺序,黄土是从哪里来的(风成说)等相关知识,所以前测卷可以设计为两题,第一题可以设置为在流水的冲刷作用下,黄土高原三种地貌形态塬、墚、峁的先后演变顺序;第二题可以以"风成说"的证据来设置。前测卷见图7.13。

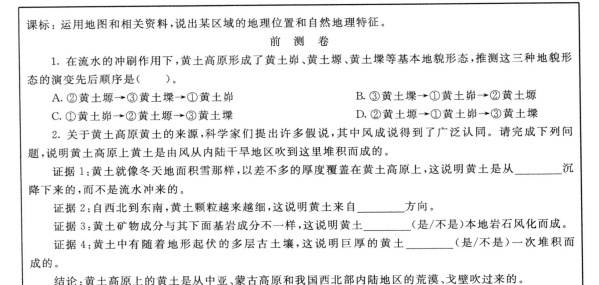

课标:运用地图和相关资料,说出某区域的地理位置和自然地理特征。

前 测 卷

1. 在流水的冲刷作用下,黄土高原形成了黄土峁、黄土塬、黄土墚等基本地貌形态,推测这三种地貌形态的演变先后顺序是(   )。

A.②黄土塬→③黄土墚→①黄土峁   B.③黄土墚→①黄土峁→②黄土塬

C.①黄土峁→②黄土塬→③黄土墚   D.②黄土塬→①黄土峁→③黄土墚

2. 关于黄土高原黄土的来源,科学家们提出许多假说,其中风成说得到了广泛认同。请完成下列问题,说明黄土高原上黄土是由风从内陆干旱地区吹到这里堆积而成的。

证据1:黄土就像冬天地面积雪那样,以差不多的厚度覆盖在黄土高原上,这说明黄土是从_____沉降下来的,而不是流水冲来的。

证据2:自西北到东南,黄土颗粒越来越细,这说明黄土来自_____方向。

证据3:黄土矿物成分与其下面基岩成分不一样,这说明黄土_____(是/不是)本地岩石风化而成。

证据4:黄土中有随着地形起伏的多层古土壤,这说明巨厚的黄土_____(是/不是)一次堆积而成的。

结论:黄土高原上的黄土是从中亚、蒙古高原和我国西北部内陆地区的荒漠、戈壁吹过来的。

图 7.13 前测卷

(二)学情辨识

基于本节学习目标,辨识本节学情,如表7.19所示。

表 7.19 "高西沟村变形记"辨识学情表

学生学情	所要分析内容			与新知识的关系
	知识	技能	社会规范	
已经学习过的相关知识	八年级上册,学习黄河时,也初步了解了黄土高原的水土流失问题,知道黄河泥沙和黄土高原水土流失的关系	初步具备一定的逻辑思考能力、区域认知能力,能初步找出要素之间的联系,能通过图文资料,获取地理信息,并表达信息的能力	能关注一个地区生态环境问题,培育生态文明意识。	旧知识和新知识关系密切,相互作用,相互影响
生活经验	黄土高原离学生实际生活较远,对黄土高原的了解多来自电视、网络、书籍等。加之授课对象是城区学生,对水土流失现象及其危害更加不了解,因此,教学中从宏观角度叙事,学生难以共情。另外,学生虽然具备一定的区域认知能力、读图分析归纳能力,分析要素之间联系和影响等能力,但是水平较低,仅能达到较低的层次的要求			
学习类型	视觉型、动觉型为主			

(三)后测卷的设计

本节内容教学结束之后需要设计后测卷。本课题的后测卷可以先给出黄土高原示意图及黄土高原相关资料,然后设问——黄土高原的地表形态特征是什么;当地特有的传统民居是什么;黄土高原地区水土流失最主要的原因及危害等方面。后测卷见图7.14。

课标:运用地图和相关资料,说出某区域的地理位置和自然地理特征。

后 测 卷

读材料及黄土高原示意图,完成下列问题。

材料:黄土高原是我国四大高原之一,也是中华民族古代文明的发祥地之一,是地球上分布最集中且面积最大的黄土区。

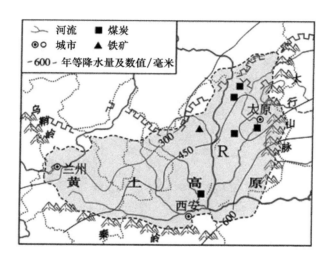

(1)黄土高原的地表形态特征_____,当地特有的传统民居是_____。

(2)黄土高原是世界上水土流失最严重的地区之一,其主要自然原因是_____,主要人为原因是_____。

(3)关于黄土高原地区水土流失带来的危害,下列说法错误的是(　　)。

A.使土壤肥力下降

B.带来地震、台风等自然灾害

C.使生态环境恶化

D.使黄河下游河床抬升、水库淤塞,易发生洪涝灾害

图 7.14　后测卷

三、材料编码

（一）必需材料编码（表7.20）

表 7.20　"高西沟村变形记"必需材料来源——解决问题二维矩阵表

材料来源			解决问题	必需材料
教材	图	黄土高原水土流失的原因	黄土高原水土流失的原因	人教版地理八年级下册第 28 页图 6.32 黄土高原水土流失的原因；地表景观图
		黄土高原卫星影响图（局部）	水土流失对地表的影响	
		黄土高原上的聚落和耕地	水土流失对人类生产生活的影响	
		黄土高原某县生态建设	水土保持措施	
	活动	分析黄土高原水土流失的自然原因及其危害	水土流失成因探究（过程）	
		了解黄土高原水土流失的治理		
补充材料		高西沟村各种资料，水土流失成因探究视频，全国部分省（区、市）水土流失面积占土地总面积的比例图，黄土高原治理前后植被覆盖率对比图		

（二）非必需材料编码

教材中分析黄土高原水土流失的自然原因及其危害和了解黄土高原水土流失的治理两个活动题为非必需材料，本课并没有选用教材中的这两个活动题作为教学内容，而是运用解说视频和高西沟村的治理相关材料进行教学的。

（三）审视编码材料

选择本节课的必需材料和非必需材料之后就需要对材料进行编码，清楚每一个学习材料的作用，学习材料的作用可以分为情景、事实、示范、过程、设疑和总结。完成编码之后就需要对已经编码的材料进行审视，利用材料编码复审表审视所用材料的实效性。根据每节课具体的教学目标按照不同的呈现方式将所要学习的内容按内容填入其中。材料编码复审表具体如表7.21所示。

表 7.21　"高西沟村变形记"材料编码复审表

教学内容		学习材料的作用					
具体目标	学习材料	情景	事实	示范	过程	设疑	总结
读出区域的环境特征	高西沟村前后对比图		√			√	
读出高西沟村地理位置	高西沟村地理位置示意图	√	√				
掌握黄土地貌及其演变	黄土地貌景观图		√		√		
分析高西沟村水土流失严重的原因	全国部分省（区、市）水土流失面积占土地总面积的比例图		√				
理解植被、土质、坡度等对水土流失的影响	水土流失实验视频			√	√		
分析地形对气候的影响	高西沟村景观图	√	√				
方法归纳	不合理的人类活动景观图	√	√				
分析水土流失的危害	水土流失的危害文字材料		√				

续表

教学内容		学习材料的作用					
具体目标	学习材料	情景	事实	示范	过程	设疑	总结
分析人类对气候的影响	地上河示意图、黄河泥沙含量示意图		✓				
思考水土保持措施及其成效	高西沟村素描图,水土保持工程措施景观图	✓	✓		✓		

四、教学活动

教学活动见表7.22。

表7.22　教学活动

教学环节	教师活动	学生活动	设计意图
导入	展示高西沟村治理前后的景观图。 提问: 1. 这两幅景观图,出现在四大地理区域中的哪个区域? 2. 你的判断理由是什么? 讲述:其实两幅图都是高西沟村。一个是过去,一个是现在。 提问: 两个时期的景观有什么具体的差异? 过渡:之所以有这么大的变化,意味着这里肯定出现了某种问题,才使得这里需要改变。所以,这节课,我们要解决三个问题。 1. 这里发生了什么问题? 2. 为什么会发生这样的问题? 3. 怎么解决这个问题?	观察图片,根据景观图中的信息,进行判断。 预设:会认为一个在南方一个在北方地区,植被覆盖率不同。 学生思考,回答问题。(差异:植被覆盖率、河流、土壤等)	学生初对比两幅图时,会认为其分别为南方和北方地区,在讲述判断理由时,对相关内容也起到了复习作用。而当明白两幅图是同一个地方时,不仅能引起学生的学习兴趣、探究欲望,也让学生对区域环境特征的认识得到进一步的延伸和拓展,这是一种相关下位构建。
新课 高西沟村 地理位置 及黄土地貌	展示高西沟村地理位置示意图及名片介绍并提问:高西沟村在哪里? (提示学生,可以从各省或者四大地理区域等角度进行描述) 过渡:这里发生了什么问题?回到过去看看。 展示黄土地貌景观图并介绍,刚刚呈现的是60年前的形态,我们称之为黄土峁。200万年前的形态,我们称之为黄土墚。400万年前的叫作黄土塬。 提问: 1. 不同时期,地表景观形态的差异表现在什么地方? 2. 为什么会有这样的演变?(提示:观察地表顶部、四周边缘形态、沟壑等) 总结:流水的侵蚀,导致的地表形态发生变化。说明水土流失是当地发生的主要问题。	学生观察地图,描述地理位置。 (从省级行政区域、四大地理区域等方面描述) 学生观察黄土地貌景观图,找出不同地貌的差异。 地表越来越崎岖、沟壑越来越多。 原因:水土流失。	学生分别读出三种地貌的特点,比较其差异之后,再学习其共性是水土流失导致,引出水土流失。通过找出共性,自下而上。属于上位构建。

续表

教学环节	教师活动	学生活动	设计意图
新课 水土流失的 原因探究	过渡:不仅这里有,全国很多地方都有水土流失问题,且流失的程度有所不同。 展示全国部分省、市、自治区水土流失面积占土地总面积的比例图。 提问:(引导学生观察地图:分层设色地形图、三级阶梯分界线、400 毫米年等降水量线,归纳影响水土流失的因素) 1. 高西沟村水土流失的程度是多少? 2. 水土流失比例最小的是哪里? 3. 除了陕西省,还有哪里的水土流失也很严重? 4. 水土流失严重的地区的分布,有规律可循吗? 小结及过渡:影响水土流失的主要因素,有地形还有降水。除此以外,还有其他因素吗? 这些要素在什么情况下,会使得水土流失变得严重呢? 播放水土流失成因探究的实验视频,记录实验现象,思考两个问题。 1. 影响水土流失的因素还有哪些? 2. 在什么情况下,水土流失会变得严重呢? 小结:影响水土流失的因素有地形、降水、土壤还有植被覆盖率。降水强度越大,植被覆盖率越低,土质越疏松(沙土),地表越崎岖,水土流失越严重。 过渡:实验室是对照实验,是在保证其他要素一样的情况下,探究了单一要素的影响。真实世界非常复杂,要素是相互交杂。那高西沟村的自然环境到底复杂到什么程度呢? 现在一起来探究高西沟村自然环境有什么特征,导致了严重的水土流失。 展示高西沟村的景观图并提问: 1. 图片中可以看出哪些要素? 2. 根据图片中呈现的要素特征,说出高西沟村水土流失严重的原因。 展示高西沟村气温曲线降水柱状图并提问(补充暴雨相关资料): 1. 降水特点是什么? 2. 降水总量多不多? 3. 降水集中在什么季节? 小结:当地自然环境脆弱,容易发生水土流失。 过渡:除了自然环境以外,还有没有其他要素,会加剧水土流失? 提问:人在这里做了什么,导致了植被稀疏? 展示人类活动的图片(挖矿等)。 小结:在人类不合理的活动下,水土流失就更加严重。	观察地图,回答:①高西沟村 60块比例在 30.26%。②上海比重最小,说明高西沟(陕西)水土流失严重。③山西、四川等。 学生集体回答:水土流失严重的地区,在第二级阶梯上,说明影响因素有地形。在年降水量在400 毫米以上的地区,说明影响因素有降水。 观看视频,在学案上记录实验现象并回答问题。 学生观察景观图,回答问题:①可以看出植被、土壤、地形。②高西沟村植被覆盖率低、坡度大、黄土土质疏松,水土流失严重。 学生集体回答:降水总量不多,400 毫米左右,集中在夏季。多暴雨。 人为因素。 学生思考回答问题:砍伐树木、过度放牧等	高西沟村是案例。要让学生明白水土流失到处都有,仅因为各地自然环境不同导致了水土流失程度有差异。使用全国部分省、市、自治区水土流失面积占土地总面积的比例图,利用图片这一先行组织者,明确:①水土流失到处都有,仅程度不同。②水土流失严重的区域自然环境有共性。 使用视频这一先行组织者,明确影响水土流失的其他因素以及各要素在什么情况下,会加剧水土流失。 通过高西沟村景观图,明确高西沟村的环境特征,进而明晰当地的环境复杂到什么程度,导致了严重的水土流失。 采用先行组织者策略,内容由浅至深,由简单到复杂,层层深入,帮助学生构建认知的结构。

教学环节	教师活动	学生活动	设计意图
新课 水土流失 的危害	展示 20 世纪 60 年代,高西沟村水土流失的相关数据及村民采访。 提问:严重的水土流失对当地老百姓的生活产生了什么影响? 小结:严重的水土流失造成了地表的破碎,千沟万壑,而且也使得农业落后,民不聊生。 追问:流失的水土去到哪里了? 展示黄河地上河示意图。 提问:对下游产生了什么影响? 小结:脆弱的生态环境,加上人为影响,导致这里水土流失严重,不仅对当地百姓生活生产带来影响,也对下游黄河产生影响。 展示总结图并提问——如何打破这个恶性循环?从哪里入手? (引导学生思考,核心是保土,且措施是可操作的)	学生朗读村民的采访。 总结:影响农业生产。 学生观察示意图,回答问题:泥沙流入黄河,造成黄河泥沙淤积,形成地上河。 从植被、人类活动入手,保土。	对下游产生的影响采用了并列结合构建的方法。八年级上册学过黄河,这为学习黄土高原水土流失做了铺垫,让学生明白了要素之间的相互联系。
新课 水土保持措施	布置学生活动:水土保持措施。两人一组,思考高西沟村水土保持的措施,并在小流域素描图表现出该措施,并说明: 1. 为什么选在这个区域。 2. 这个措施的作用。 (引导学生读素描图,如哪里是陡坡、缓坡,哪里有沟壑等,在读懂图的基础上,绘制措施) 根据学生的措施进行总结:保持水土的方法、生物措施、工程措施,合理安排生产活动。 补充介绍其他工程措施,如鱼鳞坑、修建梯田以及高西沟村特有的措施:三份林地、二份草地、一份耕地。 展示高西沟村治理成果。 小结:类似高西沟村的地方很多,每个区域都根据当地环境特征进行综合治理。整个黄土高原以点带面,发生了巨大的变化,从黄变绿。 展示黄土高原 1999 年与 2013 年植被覆盖度变化对比图。 过渡:除了黄土高原,贵州水土流失也很严重,但是结果和黄土高原地区差别很大。 展示贵州石漠化的景观图。 提问:贵州水土流失后,呈现什么景象? 小结:由于不同地区,环境不同,所以同样的问题造成的结果有所差异。因此,治理措施也有所不同。	学生在学案中高西沟村小流域局部示意图上,画出水土保持的措施。 活动时间:4 分钟。 学生上台展示。 石头裸露。	设计学生活动,让学生根据自然环境特征,自行思考解决措施。培养了学生表达地理信息的能力,激发了学生的学习兴趣。
总结 环境问题 分析方法 及方法应用	总结:分析区域环境问题的思路总结。 过渡:学习北方地区时,学习了北方地区的环境问题春旱。 布置学生探究活动:春旱产生的原因、危害及解决措施。(提示:教材第 12 页)	学生思考分析思路。 完成华北地区春旱的探究。	采用上位构建。学生要将本节课学习的内容进行归纳,总结出分析区域环境问题的总思路并应用于实践中。这样能考查学生是否掌握了本节课的内容。

五、知识整合

本课题大概念为环境问题。确定依据为围绕环境问题,要清楚环境问题发生的原因。通常是脆弱的自然环境和人类活动叠加的结果。人类活动加剧了环境问题的发生。最后依据原因思考解决措施。这是分析环境问题的思路。掌握这个思路后,可以用在各个区域。具体的知识结构图如图 7.15 所示。

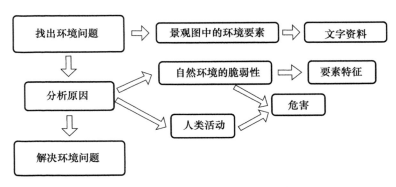

图 7.15   分析环境问题知识结构整合图

参考资料

奥苏泊尔,1994. 教育心理学——认知的观点[M]. 余南星,宋钧,等,译. 北京:人民出版社.

陈琦,刘儒德,2007. 当代教育心理学[M]. 北京:北京师范大学出版社.

段玉山,2022. 立德树人　培根铸魂——走近《义务教育地理课程标准(2022年版)》[J]. 中学地理教学参考
(13):1,10,89.

段玉山,丁荣,杨昕,2022. 地理课程与地理学科关系的探讨——基于对义务教育地理课程标准的分析[J]. 地
理教育(5):3-7.

段玉山,杨昕,丁荣,等,2022.《义务教育地理课程标准(2022年版)》修订解读[J]. 全球教育展望,51(6):
57-66.

高振奋,2022. 聚焦核心素养,构建"有温度、有特色"的义务教育地理课程——义务教育地理课程标准的新变
化[J]. 中学地理教学参考(13):11-15,89.

黄莉敏,王孝才,罗伟伟,2017. 地理成因知识的教学思维与逻辑[J]. 中学地理教学参考(1):26-29.

汤镒尚,李素素,张家辉,2022.《义务教育地理课程标准(2022年版)》中课程实施部分的主要变化及启示[J].
地理教学(14):25-28.

杨昕,段玉山,丁荣,2022.《义务教育地理课程标准(2022年版)》的变化[J]. 地理教学(9):4-9.

义务教育地理课程标准修订组,2022. 守正出新,推进地理课程改革——义务教育地理课程标准(2022年版)
解读[J]. 基础教育课程(9):47-56.

张菊秀,2022. 基于培养学生核心素养的高中地理教学策略[J]. 智力(11):172-174.

中华人民共和国教育部,2022. 义务教育地理课程标准[S]. 北京:人民教育出版社.